90通の手紙

中国大陸・ビルマから生還した青年兵士

森田敏彦 編

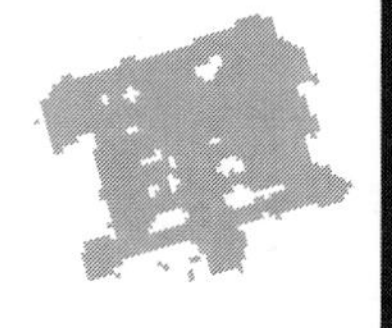

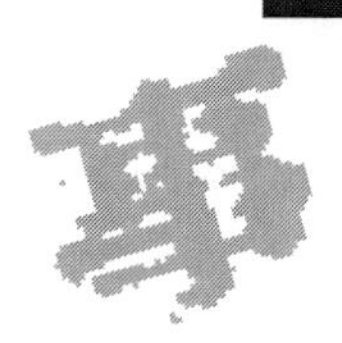

せせらぎ出版

はじめに

日中戦争からアジア・太平洋戦争にかけて、膨大な数の国民が兵士などとして戦場に送られ、そのうち２３０万人ともいわれる人びとが命を奪われました。敗戦後、生きて祖国に帰還できた人びとも、苦難の生活を余儀なくされました。

幸運にも命をながらえた兵士のひとりであった瀧本（旧姓清水）二三男さんの軍隊生活にかかわる貴重な品々――軍事郵便や上海戦線での「忠烈勇士」ぶりを伝える週刊誌、陸軍の徽章や肩章など――が、娘の埴（はが）制子さんのもとに残されていました。埴さんは、天王寺戦争展実行委員会にそれらを寄託され、２０１６年の第5回戦争展の会場で披露されて、注目を集めました。

本書は寄託された品々のなかでもっとも意義あると考えられる、瀧本さんが兵士として家族のもとに送った軍事郵便などを紹介したものです。その内訳は、軍事郵便79通と一般郵便11通の合わせて90通で、戦場に行くまでが1通、上海戦線で負傷してから再び大陸へ出征するまでが9通、「満州国」奉天や牡丹江省の部隊から26通、「満州国」の陸軍病院から21通、退院後「満州国」東安省の部隊から10通、ビルマから22通、降伏後イギリス軍の収容所から1通となっています。

これらを活字化して読みやすくするとともに、注と解説文を付し、関係する資料を収録しました。いまの若者にとって少し読みづらいかもしれませんが、本書によって、かつて戦争に取られた若者がどんな体験をし、どんな思想や感情を抱いていたのかを知ることができ、戦争の実相に迫る上で参考になるのではないかと考えています。目を通していただき、戦争について思いをめぐらしてくださることを願っています。

編者　森田　敏彦

もくじ

瀧本二三男さんの手紙とはがき

明らかな脱字・誤字と判断されるものは訂正・補充したが、判断に迷う場合はママとルビを付した。旧漢字を新漢字に改め、句読点を適宜補った。年月日は昭和で表示。カタカナのルビは瀧本二三男さんによるもの、ひらがなは編者による。●は判読困難を示す。

1　大阪府中河内郡高安村神立（こうだち）注①　清水辰次郎様
高知歩兵バラックMG3　清水二三男　消印12ヵ・8・8（消印とあるのは一般郵便。以下同じ）

暑くなりました。汗が出ます。オランクの方は稲刈入れて第二作の田植が初まって居ります。多くの兵隊さんが行かれたとか。又四人も合格したとか。防空演習注②全く兵隊さんの時世ですね。オランクの国婦会注③は一日慰問の為来隊。二三町村下りません。自分等は滅多に行かんそうです。残念です。星一つ増えていたい。写真代●●。では又。姉さんトコから便り●●。

注①　瀧本（旧姓清水）二三男さんが生まれ、子ども時代を送った高安村は、１９６５年八尾市に編入された。神立は、高安村に合併する前の北高安村の山寄りに位置する字である。高安山山麓の純農村地帯で、明治の中頃から木綿にかわって花卉栽培が盛んになり、植木園芸業も発展した。

注②　敵航空機の来襲を想定して実施された大規模な訓練。１９２８年6月から7月にかけて大阪を中心とした関西地方で最初の防空演習が行われた。全市のあかりを消した「灯火管制」、敵機が大阪上空を襲ったという想定による空中戦や消火訓練などが行われた。その5年後の関東一円を舞台にした、さらに大がかりな「関東防空演習」など、全国各地で実施された。

注③　国防婦人会のこと。１９３２年、大阪市港区市岡でつくられた「大阪国防婦人会」がはじまり。飛行機などを軍に献納する募金運動や大阪港から出征する部隊の湯茶の接待をしたが、やがて会員は全国に拡大して、出征兵士への慰問金・慰問袋の収集、出征家族の慰問、防空演習での炊事などを行った。大日本国防婦人会は最盛期には１０００万人の会員を擁し、１９４２年には、愛国婦人会などと統合され、「大日本婦人会」となった。

2

大阪府中河内郡高安村神立　清水辰次郎様

二三男　消印12・9・26

皆様御健在ですね　二三男は今亜米利加丸の人と成って宇品（うじな）注①へ懐しの故国へ到着しました。

戦友達の事を思ふと残念で堪りません。が頭と手と背と腰骨から四寸下をやられたが軽創注②ですから御安心下さい　又後便ニ。

注① 広島市南部の港。1932年広島港と改称。日清戦争以後軍隊の大陸への輸送の拠点となった。

注② 創は傷の意。軽傷のこと。軽傷とあるが、事実は、同年9月21日付けの『大阪朝日』朝刊に、清水一等兵は「十七日夕刻つひに大腿部貫通銃創が致命傷となり名誉の戦死をとげた」と誤報されるほど、重傷であった。

3

大阪市港区抱月町一ノ三七　瀧本兼子様

姫路陸軍病院姫山分院外科三号室　清水ニ三男拝　消印12？・11・10

秋色いよ〳〵深く酣（たけなわ）となって来ました。其後お変は御座るませんか。皆様御健在の御事と存じます。

自分も左足まゝならず、第一線へ行けず、和知部隊注①の敵は未だ落ちず、こんど又第二のふるさと宝塚の展覧会に大分沢山の品と感想文等出品しましたがそれも見られず、あゝ垣から外へ一歩も出られず。ずの字ばかりで唯もう一日ベットと組打でボンヤリと何もしないでいるばかりです。

鉦馬（しょうま）君注②の式は盛大であったと聴きだれよりも嬉しく思って居ります。直ぐお便りでもしてその嬉しさ?、（ママ）英霊にわづかな報告でもしたかったのですが、悲しさ、寂しさが僕をどうも筆もとらせず、忘れようとする過ぎた彼の事どもを、まぼろしをもてあましながらついおそくなりました。

　国が為散りしいさおの香もたかし時雨るゝ庭に野菊みだるゝ

とでも云ひましょうか、どうかよろしく御報告お願ひ致します。

自分のふるさと高安村出身鯉登（こいと）部隊注③勇士三名戦死の報が家から来ました。聞くたび英霊に黙祷を捧げて居ります。其忠勇の士に菊の香よどうか匂ひ英霊にとゞいてくれ――。

びっこが早く癒って白衣を軍服に着替へたいと神に祈りつゝ居ります。

　では後便にて又。万歳。挙手。白鷺城を目上に見て。清水二三男　瀧本兼子様　みな様によろしく。

治療中の瀧本二三男さん

注① 第44連隊は連隊長が和知鷹二大佐だったため和知部隊として出征した。上海戦線では中国兵の激しい抵抗に死傷者が続出。当時の新聞は、和知部隊の豪勇果敢ぶりを大々的に報じたが、実相は悲惨きわまりないものであった。

注② 瀧本兼子さんの兄。1937年8月28日、上海戦線で戦死。享年22歳。
注③ 第20師団所属の歩兵第77連隊で、鯉登行一大佐が連隊長。盧溝橋で日中戦争の始まった1937年7月、戦争はいったんおさまりかけたが、鯉登部隊が北京郊外の廓坊で戦闘を引き起こしたことによって激しくなり、全面戦争へ拡大した。

4
大阪市港区抱月町一ノ三七　瀧本美子様
ひめじ陸病六号　清水白衣居士拝　消印13・1・11

今日こちらの松竹座で映画を見ての帰りに沢山な入営者を見ました。思ひ出しますね、昨年を。同じ浦戸丸に乗って居たのだが鉦馬君とは知らなかった。五月の帰休の時に又同じ浦戸丸で帰った。その時はもうほんとうの心の友として居た。なにかの折々に思ひ出しますが僕よりも鉦馬君の方が幸福だ、何んの生彩もないこの世に生きて居たって仕方がありません。人生の暗い半面を知らずにほんとうの純情でそのまゝこの世を去った彼は幸福だ。姉上様や妹御様に心の限り惜しまれて居る彼こそほんとうの幸福をもったのです。

5

大阪市港区抱月町一ノ三七　瀧本美子様

姫路陸軍病院本院外科六号　清水二三男拝　消印13・1・24

今夕吹雪になりました。度々お便り戴きながらつい失礼致しました。近頃少々風邪を引いてしまって少々頭痛で困ってしまひました。今日はもう普通です。もう元気で足の方も大丈夫です。

とにかく朝起きて夜寝て居ります。

そして再起の日を待つばかりです。残弾は害ない様ですから記念に取って置く心積です。注

凡今は原隊の消そくと一線の状況が解らないので憂鬱（ゆううつ）です。別段変ったニュースもないので困ります。では皆々様お元気で。終り。

注　垪制子さんが寄託された品のなかに残されていた。

6

大阪市港区抱月町一ノ三七　瀧本兼子様　13ヵ・2・1

姫路陸軍病院本院外科七号　清水二三男拝　消印日時判読不能

御親切なお手紙有難く拝見致しました。

皆様御健勝で慶賀に存じます。

お便りしよう〳〵と思ひつゝ、延引致しまして済ません。どうか皆様よろしく御伝声下さい。

今頃の僕は無性に寂しく追想に日を暮したり、或は将来を思っては暗然と考想に、或は無性に歌を唄ひまくったり、或は……。

傷が癒って病人らしくなくてあばれまはって病院の人間として張合がない様な気持がしますよ。

今日なんやかんや訳の解らぬ帰りがありました。

貴女も鉦馬君に代り御両親様に御孝養なさって居られる由、鉦馬君も喜こんで居ることでしょう。

こんな生活をして居るのであまり書くことがないので又のお便りに譲ります。

何分にも若い者ばかりの生活です。寂しさとてほんとうに人に話せぬ寂しさで誰もそうであろうと思ひます。

では皆様によろしく。どうかお体を御自愛専一をお祈り申上げます。不一[注]

姫路陸軍病院本院外科七号　清水二三男拝

瀧本兼子様

注 手紙の末にそえる語。不乙とも。昔、読書の際、読みかけてやめる所に、筆で乙と記したことから、十分に意をつくしていないという意。

7 大阪市港区抱月町一ノ三七 瀧本兼子様 5・5
高知赤十字病院七十七号 清水二三男拝 消印13・5・6?

若葉青葉の五月、胸がはち切れそうに感じます。お手紙丁度手術が済んで帰って来た時に頂きました。

現在何物を見ても感じやすき時代の貴女は一人の兄を失なって尚更人間の運命に付いて良くお感じの様ですが、当前の事実として御同情申し上げます。人生の去来は自然の如くではない様です。成るべく自分の不幸に傷心を持って人世に錯覚を起されない様にお祈り申上ます。愛国婦人会注の講習を受けに行って居られる様ですが、もう直ぐ一人前に成られるとか、おめでたいことです。いづれ又お腕前を御拝見させてもらひましょう。

こちらの方はもう滅多に慰問客もなく、無論僕には面会の客もありませんが。静かな生活。一人ポッチの好きな自分にはむしろ楽しい一日があると感じて居ります。

この生活も自分の一生を通じての歴史の一単位だと思ひます。

石田君の出征は確実でしょうが早くそれを知ったゞけ不幸だと思ひます。
鉦馬君や自分の様に突然に起った事なれば未練なく歓喜こそあれ、恐ろしさがなかった。
だから幸福であったと思ひます。
大乗的見地からなれば貴女の云はれる様でしょうが、運の善悪はだからその感じ、考へ方で
どちらとも判然としません。だから思はぬ様になれば幸と思ひます。
愚感でありますが、もし解って下されば嚆矢（ママ）と思ひます。
山村の五月はなんとなく清らかさを感じますから姉様や御父母様と一緒に僕のふるさとを探
ねて訪れて下さい。父母や兄も喜こんでお迎へしたいと云って居ります。
皆様によろしく。草々
高知赤十字病院七十七号室　清水二三男拝　瀧本兼子様

注　1901年発足し、出征軍人・傷病兵の慰問、戦死者遺族の援護などを行ったが、会員の中心は中流、上流の階層に属していた。対抗関係にあった国防婦人会の活動に刺激され、最盛期には600万の会員を数えたが、1932年大日本婦人会に統合された。

8
大阪市港区抱月町一ノ三七　瀧本兼子様
TOSA　44R　MG注①　FUMIO　SHIZIU　消印13・8・10

暑中御伺申上ます。

永らく失礼しました。

無事軍務に精勤して居ります。今度の蒜山原野営演習には留営になりました。やはり以前の元気がない訳です。

写真有難く頂戴致しました。

衛兵歩哨（ほしょう）注②勤務で毎日眠たくない日はありません。したがって私事の実行は肝銘にあれどうとくなりがちです。お母様からも昨夜衛兵から帰ったらお便りとゞいて居りました。〝相済まぬ心で一ぱい〟、今日昼食まで読むことも出来ず眠ってしまひました。

歩哨は御存じと思ひますが、夜は数分の仮眠しか許されません。そして一日八回の立哨で一回一時間です。いくら強健な者でも一日の勤務が終ると前後も不知ず眠りに入ります。

こんな情況でこれから幾日も過さねばなりません。

石田君は佐伯隊の日本原演習に昨日（八日）に出発しました。十六日に帰っていづれすぐにも〇〇方面へ征途するそうです。

お母様のお便りの返事。
一、平田大尉は機関銃隊長で今蒜山原に行かれて居られます（宅は本町三丁め小高坂）。
一、池知少尉は国防思想普及委員として聯隊本部附になられて居ります。退院後一回しか面接しませんでした。現在簡閲点呼（かんえつてんこ）注③執行官随員として出張中で、住所は以前の土佐郡鴨田村鴨部に居られます。
一、僕への相談てどんな事でしょうか。自分には構はず云っていたゞきたいのですが。僕で答へられることなら何日考へてゞも御返事申上げます。
一、現役兵に写真云々は御心配なく。
一、小松様へ時々送ってやる、これはどうかお構ひなく。時が時でありますから。自分達もなるべく外で食物等買はぬ様にして居ります。酒保（しゅほ）注④も無論必要以外は避けて居ります。
赤松君ももしその事が真実であるならば親友として同慶に堪へません。
以上。
貴女のお姉女様も御幸福にお活し（ママ）の様ですね。何よりです。
女の一生の尊き一期とも云ふべきです。次は貴女の番ですね。
土佐は早や稲刈りが始まって居ります。今日は涼しくてい〻です。
残眠をおぼへつ〻一筆。後便にて。　二三男拝　兼子様

注① 44Rは、歩兵第44連隊、MGは、機関銃隊のこと。
注② 歩哨は、保護・防護対象の施設の前に配属され、直接その警戒・監視・防護につく兵のこと。
注③ 簡閲点呼は、毎年夏、予備役や後備役の在郷軍人と、現役をはずれ兵営教育を受けてない補充兵役のものを召集し検閲した。軍人としての心得や動作の確認のほか、予備兵力として居住地、存在の有無の点検のねらいがあった。兵役については解説の注記を参照してください。
注④ 酒保は、兵営内に設けられた兵士用売店兼休憩所のことで、石鹸・歯磨き粉・封筒・便せん・手ぬぐい・インク・鉛筆などや、うどん・アンパンなどの軽食、汁粉やまんじゅうなどの甘味料、サイダーやラムネなどの飲み物が売られた。ビールなどのアルコール類の販売は、曜日の特定や全面禁止など部隊によってさまざまな制限があった。飲食物は売っていても初年兵が列に並ぶと追い払われるのが普通で、アルコール類も下士官以上でないと買うことができなかった。

9

大阪市港区抱月町一ノ三七　瀧本兼子様　13・9・26（編者注—宛名の下の数字は、瀧本二三男さんが発信をしたためた日付）

TOSA　ASAKURA　MURA注①　F・S

秋いよ〳〵深くなって参りました。先日は遠い所迄有難う御座いました。
海路御無事お帰りの御事と思ひます。

小生末記の中隊に編入になりました。

そして今度の演習に征くことになりました注②。

中隊長は御存じの池知中尉です。

二年兵は梅原と僕とだけです。愉快にやって居ります。

今日も昨夜から一睡もせずにいろ〳〵と準備して居ります。

演習の準備は来月二日頃終ります。

出発は外泊に帰った日と同じ日です。御●家へ泊めていたゞいた日です。丁度一ヶ月目が出発です。

心身共に溌溂として居ります。御安心下さい。

お父様お母様によろしく伝へて下さい。今日は日本晴れです。そして気持いゝ、風が馬のたてがみをなびかせて居ります。

どうか御父母様を大切にして下さい。

僕の分も、そして御身を大切にして待って居て下さい。

僕も益々心身の鍛錬に専心します。屹度立派な男と成るべくお約束します。貴女は僕の出途を喜んで下さると思ふ。男子と生れた僕は勿論光栄限りなし。

正月には逢へませんが、今度逢へる時は僕も一社会人として逢へると思ひます。その方がい

第44連隊営舎正門（『旧陸軍歩兵第44連隊弾薬庫等調査報告書』から）

くらかい丶でしょう。これ程い丶ことはないでしょう。僕はそう思ひます。僕は寂しいことを書くのが嫌ひですからその他の場合は書きません。任地に付いたらうんと僕を励まして下さい。待ってますよ。こちらでは今度防空演習が初まって居ります。大阪の方はやってないですか。閑があったら僕の田舎へ遊びに行って下さい。そして友達とだったら宝塚でも行って朗らかに過すと決して病気にはなりませんからね。

いろんな空想をして夜寝ないのは健康上よくないと医者はいっとります。では又。今日は馬のお守り注③で忙しいから。

高知歩兵第四十四聯隊第一機関銃中隊　清水二三男拝

注① 歩兵第44連隊は、1896年12月松山において創設され、翌年7月に高知県土佐郡朝倉村に移駐した。朝倉村は高知市の西部に位置し、高知市近郊では最も安定した自然環境に恵まれた最大の穀倉地帯だった。第44連隊は、兵営、練兵場、射的場、陸軍墓地など40万㎡以上の広い敷地を有していた。

朝倉村は1942年に高知市と合併し、戦後、連隊敷地の大部分は高知大学のキャンパスとなった。

注② 瀧本二三男さんが編入された第1機関銃中隊は「満洲国」に派遣され、10月9日に坂出港を出航。釜山を経て、同月14日に奉天（現在の瀋陽）に到着した。秘密保持のため演習とされたのであろう。

注③ 日本の陸軍は、兵器や弾薬などの輸送を馬に大きく依存していて、軍馬は「もの言わぬ戦士」として大切に扱われた。兵士にとって、餌や水の給与、馬体の手入れなど、軍馬の世話は、なによりも優先されるべき任務であった。

10 大阪市港区抱月町一ノ三七 瀧本兼子様 10・1
TOSA 清水二三男拝 消印13・10・3

夜霧が風と共に電燈を暗くして煙の様に流れ去ってしまって歩哨に立って居る僕の戦帽や服を冷たく濡します。その後は月光で銃剣が白く光ってあたりの静けさを一層身に沁ませます。

先日書いた十三日と云ふ文字は僕の為に絶対に外せぬ様にお願ひします。

今回は門明准尉、平田様は行かれます。其他は行きません。門明さんは第三です。平田様は○○の某要職に任ぜられましたそうです。門明准尉殿との事は家へなんか別段云はずともいゝと思ひます。

平田大尉殿は進級されたかもしれませんが其他は書いてあったと同じです。面会は四日と五日午后一時から午后三時迄許可されました。僕は別段ほしい物も用件もありませんが自由にして下さい。

僕の編物はいゝからお父さんかお母さんのを編んで上げた方が嬉しいです。向へ行くと毛皮や防寒被服は沢山ありますから安心下さい。

梅原くれ〴〵もよろしくと。

又霧が月光をうすくベールを被せた様に流れて居ります。

では又、お元気で。

11
大日本大阪市港区抱月町一ノ三七　瀧本兼子様
満洲奉天河田部隊注池知隊　清水二三男拝　13ヵ・10・27（編者注―瀧本＝清水二三男名の下の数字は受信者が記入したと思われる日付）

久々一筆啓上。

皆々様御健在ですか。

僕は相変らずで赤い夕日の此地でも極めて頑健です。

砂塵万丈には少々面喰申候。これから時々ニュースを送ります。

第一報終り。

注 第44連隊の連隊長は、1938年3月1日から河田槌太郎大佐となった。

12 大阪市港区抱月町一ノ三八　瀧本兼子様　11・6
満州奉天河田部隊気付池知隊　清水二三男拝　13・11・11

お便り有難く拝見致しました。御健在何より、僕も至極朗らかです。

本日お母様に御返事したのですが、相続の事に付いて今夜中隊の人事係の清藤准尉殿より御懇篤に戸籍に付いて訓言を賜り、此際に僕の消極的なる考へ方ではかへって複雑である様ですから、家の方へもその事を通知して置きますから、そちらの都合の好い様に取り計らってもらって下さい。何時でも入籍させていたゞきます。

今日兄からの便りで、先の結婚のお祝いをもらって御丁寧なので心苦しいと書いてありました。

御商売繁昌は結構だが、お父さんがあまり御無理なさらぬ様にしてもらって下さい。鉦馬君なき後精神的のお疲も大きかった筈ですから、この上肉体的の御苦労は病気の基因となると思ひます。では又。

13 大阪市港区抱月町一ノ三七　瀧本かね子様　11・15
満州奉天河田部隊気付池知隊　清水二三男拝　13・11・21

度々お母さんからお便り戴きますが、そちらも大分冬の寒さを感じて来たらしいですね。

先日二通お便りしたのですが、未だ到着して居らないらしいですね。

僕は元気ですこぶる朗らかにやってます。

その元気が三ツ星の肩章も綻ばしました。縫ほう〳〵として未だずぼらして居るくらい忙しい一日です。先日のお便りでも書いたのですが、相続の事は当隊の人事係の清藤准尉殿より御懇切に賜はれば決して複雑ではない、僕の言った事はあまりにも消極的あるのでかへって御心配をおかけしました。それで都合の好い様にそちらで取計ってもらへば結構です。家へもその事を申送りましたから。

誕生日が近づいて来ました。

昨年は病院で今年は異郷で迎へるのですが、残念ながらこれとして自分の進歩を見出せないのが返す〴〵も遺憾です。唯白衣を棄て再度の御奉公が出来た現実だけを嬉しく思って居ります。

万年一ト兵である事は自分で醸成した運命であるが故に、自分を譴責しつゝ、父母に深く詫びて居る。自分ではそんなちっぽけな事と思って居るが、両親は口には出さねど情なき我が子よと慚愧に思って居ることでしょう。

くだらぬことを書いてしまった。(閑話休題) 先日来〝一ト兵戦死〟と云ふ本を読んで居りますが、くど〳〵しい所もありますがよく上海戦線を描写して居ります。読まれるのだったらお送りしませうか。そちらで求められても価値があると思ひます。

となりの戦友は朝起きるといつも夢の話をします。夜になると自分はふるさとへ帰って居ると云って笑ひます。その言葉には自分も同感です。

菊の香は日の丸の行く果に迄とゞけ〳〵と国より便り　二三やん

14　大阪市港区抱月町一ノ三七　瀧本金馬様

満州奉天河田部隊気付池知隊　清水二三男拝　13ヵ・12・3

寒くなって来ました。

昨夜慰問袋を戴きました。

色々の内容で大変うれしいデス。オジャミ皆がよろこんで練習して居ります。こちらは朝は零下十五度くらい下ります。寒さに馴れた僕達は平気です。心配だった古傷も痛みません。

自分の事ばかり書きましたが、そちらの皆様は御健在の御事と存じます。草々

15　大阪市港区抱月町一ノ三七　瀧本かね子様　12・6
旅の空より　清水二三男拝　13ヵ・12・9

内地も次第に寒くなって、プラタナスの並木の街にも師走のいそがしい風が吹いて居ることでしょう。

千古の歴史の栄夢をじっと見まもるが如き鋭鎌の月が楊柳の木立を寒々と●出して居る。棒になり、縄になって飛びさる雁の声。姿のみが自然の生命を主張するが如きである。その他の物は総て氷って居る感じである。他は0・13（ママ）の寒さである。しかもなほ風もまじえて居る。

その後お元気の事と思ふ。ご両親も。

僕は鼻唄だ。すっかりこちらの人間になってしまった様な気がする。

これから当分便りすることは出来ない。

然し便りのない間は元気であると思って居てもらひたい。然しそちらからのは時々ほしい。

こんど便り出来る時が来たら写真も撮して送りたい。

では呉々も御心配なく。

インキも氷りそうだ。ペーチカが燃えて居る。がちっとも……。
取急ぎ一筆。
先日、あまり嬉しくもないが進級した。二三男拝

16

大阪市港区抱月町一ノ三七　瀧本かね子様
満州国牡丹江省密山縣新密山河田部隊池知隊　清水二三男拝　13・12・27

昭和十三年あと幾何なく残り少なくなってしまった。然し家に有る様にさし迫った忙しさはちっとも感じない。だから待って居たとか、来てしまったなんて事も感じない。唯来るべき物であるに過ぎない。もうあと幾ら寝たらお正月だなんて数へながら好い着物や好きな美味しい食物を喰べたさに唯理由もなく楽しさを味はって居た頃、幼ない頃、深い意味もなく愉しんだ頃が懐しい想出となって居る。

外は寒い零下二十何度。見渡す限りの荒野に残雪が唯一の色を成して居る。馬のはく呼吸も白々と、暖かい食物を求めて居る様である。好きな青い草もなく、じっと人なつこい目を俺達にむけて空ろな物を視め(ママ)て居る様がいとほしい。馬も寒いだろうナア。時として首をすり付けて来ることがある。可愛い奴だ。

皆様御健在の事と思ひます。

僕達初めて体験するこの寒さの為あらゆる欲望も縮んでしまって、あれやこれやが滅殺されてしまった様だ。

然し時々甘い物を求めて食ふ美味さはやはり愉しいと共に求め不足ない感じもする。煙草は増々喫ひ出した。それを自覚して自制をしては見るがそう大した差はない。

又これから時々お便り出来得ること丶思ふが、そう大して書くこともないからつい億劫になるが努めて書く事にします。

窓からさっと太陽の光が投込まれる時は一番美くしい物を見付けた様に感じる。

ともあれ世情にうとくなり勝と云ふより、世の成り行き、色んな出来事（内地の）等にうえて居る。出来得ることなら、誠に不躾ではありますが日々の新聞で必要な紙面だけ時々送って戴きたいのですが、それも忙しかったら忘れてもらってもかまひません。何卒よろしくお願ひします。

それからお便りを待ちます。

勝手な事ばかり書いてしまひました。悪しからず。後便にて。草々　清水二三男拝　瀧本かね子様

17

大阪市港区抱月町一ノ一三（ママ）　瀧本かね子様　13・12・29
満州国牡丹江省密山県新密山河田部隊池知隊　清水二三男　14・1・4

お便り有難く拝見致しました。

今年は福引や楽隊なしの大売出しですか。全く変った銃後の姿が想像出来ます。この便り入手されるころはもうお正月ですね。

今お母さんからのお便り拝読しました。

今日は写真を同封します、
これはずっと以前に撮したのですが、送ろうと思っては居ましたが、見て直に感ずるが如く、駅者の写真の様で梅原伍長殿や自分はエキストラみたいで感心しないので焼こうと思っていたのですが、折角の物だからお送りします。この写真は変色してしまふので保存するには複写しなければなりません。つまらんからあえてその必要も感じられませんが。

姉上様にもお便りしなければならないのですが、どうかよろしく御伝言お願します。その内書きます。梅原君が呉々よろしくと。草々　清水二三男

18
大阪市港区抱月町一ノ一三(ママ)　瀧本金馬様　御一同様　14・1・1発信か
満州国牡丹江省密山県新密山河田部隊池知隊　清水二三男拝

遥かに東天を拝して新年の御慶申上ます。こちらは稍々寒かったが好い晴天。部隊長殿以下の聖寿万歳の声も晴々と国迄とゞかんばかりの感がした　もらった餅の香もいつに変らぬお正月の味を憶ばせて呉れた。御自愛を祈る。

19
大阪市港区抱月町一ノ一三(ママ)　瀧本兼子様　14・1・10
満州国牡丹江省密山県新密山河田部隊池知隊　清水二三男拝　14・1・10

興亜の新春おめでたう御座ゐます。

永らく御無沙汰致しました。此所少々軍務忽忙の為ペン持つ機会が無かったのです。悪からず。

心ずくしの慰問品、新聞、お便りと戴きながらうれしいお正月を過すことが出来ました。

皆様もよき春をお迎へと承り慶賀に存じます。

妹様の書初を昨夜いたゞきました。

仲々上手ですね。ちょっと今度帰ったら習はにゃいかんと思って居ります。どうか今から頼んで置いて呉れませんか。お願ひします。お礼状は又ひまな時に書きますからどうかよろしく御伝言の程お願ひ申上げます。

今から遠慮なしの慰問袋の批評やら注文やらを書かしていたゞきます。――蒋介石遊びは戦友達のメンタルテストにもってこいの道具です。食事もせず考へ込む熱心なのもあります。旗や、人形、ザウリ（ママ）、真綿（これはひっかって困ります）、先のオジャミ、今度の羽根等は持つに困り遊ぶにもちょっと困る種類の物で、兵隊は常に何にも持たざるが一番便利なのです。その意味で最初〝慰問品は結構です〟と云った訳です。

我々は何時何処へ行くか解りません。その点食料品等は使用し尽くし消化出来得る物は大変結構です。

その為ほしい本等でもちょっと手を出しかねます。相当憎まれ口を書き立てました。済まへん。

餅は仲々よう考へたもんですナア。とっても美味かったデス。新聞はおくれるからもう結構です。少しおくれて来る様になりましたから（慰問用のが）。その代りに又なにかお願ひします。

良く漫才師なんか豆腐の角で頭をうって死ねとか云ひますが、こちらではそんなこと平気で云へまへんわ。充分に目的を達せる豆腐ばかりです。仲々堅く氷結して居ります。こんにゃくがペン〳〵折れるそうです。えらいもんだんなア。

（閑話休題）お姉様からも年賀状いたゞきましたが未だに出せません。よろしくお伝へ下さい、呉々も。

では又、御健康をお祈りします。瀧本かね子様　清水二三男拝

20

大阪市港区抱月町一ノ三七　瀧本かね子様　1・24

満州国牡丹江省密山県新密山河田部隊池知隊　清水二三男拝　14・1・29

模糊として立つ雪煙の激しい光景の一日に比べて今日は、静寂なる春の日を思はせる陽光が氷雪に鎖された曠野一ぱいにひろげられて居る。その陽光も唯光のみの様で暖さがちっとも感じないのが儚(はかな)い自分達だけの欲望だ。

永らく失礼しました。今年は内地の方は例年よりもずっと寒さが厳しい様ですね。

新聞いつも有難たう御座ゐます。

とう〳〵鉦馬君の胸にも金鵄勲章(きんしくんしょう)[注]の栄誉が輝いたそうですね。伝達を受けられた時の御父上様の御心情いかばかりかと存じます。君が戦線を馳駆しその忠勇義烈の明らかなる章で赫

赫たる武勲を彩っておるものであります。さぞ地下で君も満足の微笑をもらしたことと思ひます。

僕も日常を切詰め様と念願して居りましたが煙草も二日に十本少し出るくらいしかになりました。が然し結局間食が増えてかへってぼう張の態であります。困ったもんです。

お正月を期待して居た心の余いんも去らない内に二月が近づいて来ました。実に早いもんです。

又お忙しくして居られるのでしょうね。

休日の多い正月も充分遊ぶことも出来なかった事でしょうね。又桜が咲く頃になったら僕の郷里へ遊びに御一家打揃って行って下さい。

故郷をほめないものはおそらくありませんが、花ならば他に負けない美くしさがありますから。

今十六日付のお便りいただきました。

煙草はこちらにいくらでも品の変ったのが沢山ありますから結構です。

雑誌や冊子の積りでしたが、そんなものわざ〲買ってもらって迄送ってもらふ程のこともありませんから謹んで取消します。

その代りなんて失礼ですが、軽便な懐中ランプをこん度なにかのついでに電池も一緒に送って下されば幸と存じます。
大変無理ばかり書き立てました。
御自愛の程お祈りして居ります。　清水二三男拝　瀧本兼子様

注　金鵄勲章は、1890年の紀元節（2月11日）に設けられた、戦場で抜群の働きをした軍人・軍属に与えられた勲章。神武天皇の東征神話で、天皇の弓の先に金色の鵄（とび）がとまったという伝承にちなんで制定された。この勲章には、功1級から功7級まであり、功1級900円から7級65円まで年金が支給された（のち一時金に変更）。

21

大阪市港区抱月町一ノ一三（ママ）　瀧本かね子様
満州国牡丹江省密山県新密山河田部隊池知隊　清水二三男　14・2・6

前略御免。
其後皆様にお変りはありませんか。
僕も不精髭に氷の花を咲かせて頑張って居ります。
今日はたま〱の休養でアンパン喰ひ過ぎて字も書きにくいデス。オハリ。

22　大阪市港区抱月町一ノ三七　瀧本兼子様　2・5
満州国牡丹江省密山県新密山河田部隊池知隊　清水二三男拝　14・2・12

今日ちょっとの隔（ママ）に日記をむさぼり読んで見ると、……夕暮の色はとっても美くしい。とても深くて複雑な色を呈して居る。広い空はコバルト色で次にはオレンヂ色がだん〳〵に濃くなってバラ色が混って来てそれが濃くなり次は赫色となって黒い山がある。その山のコーナーが又とても急でしかも空との限界がはっきりして居てずっと見巡ると地平線が現はれる。いつ迄も〳〵それを眺めて楽しみながら室にもどると、室はやがて薄墨を流した様な黝（あおぐろ）い影の夜がしのび寄って来る。僕の頭の中心の瞼（まぶた）には見とれて居た夕暮の空が懐しい物にでも別れた様にとめどもなく心の奥底に迄滲み込む様に思ひ出されて来る。某上等兵がいつの間にかランプを持来たりて点火した。室一ぱいにその光が拡がると暗は隅の方に追ひ込まれる様で、僕の心も黝い影がさっと消えるが如く又新らしい想ひ出が心の隙間からぢり〴〵と火の燃える姿で現はれはじめた。戦友達は幾組かに寄集まって女房自慢や郷土のうはさ話に余念がない。その四方山（よもやま）話に不思議な程室が静かな感じになって僕もさっきから、さあどれくらいねそべってさまぐ〴〵な空想を、楽しい想ひ出を繰返したか。はっとした時には、戦友達の話声が止んで点呼に整列して居た。……さあ僕は何を想ひ、誰を相手にしていたか。思ひふけって居た僕のその時の楽しさがそれより以前にもその後にも隔間（ママ）ある時には繰返されて居ることであろう。……

又ある夏には室の一方の四角の窓から、八ツに仕切った四角の窓の上左のガラスを透して明星がきらめいて居る。うすい青い光だ。少女雑誌の挿絵にでもある様な光だが。そして美くしいが鋭い、とっても寒々しい感覚が又しても僕を孤独感に似た寂しさにひきずり込んでしまふ。……

えらいセンチめいた事ばかり書いてしまひました。これはランプのせいだろうと思ひます。燃える火はとっても侘しい感じがしますから。

これから御返事に移ります。

今度兄貴はどうしたんか知りませんが多分歩いた事だと思ひますから今から下駄をうんと買ってもらいなさい。〝颯爽としてハイキング〟じゃなしに颯爽と……だから、健康の為に大いにえゝと思ひます。

新聞は又継続して送って下さい。

横でさっきから戦友が浪花節やらなんやら節やらをうなって居ておかしくて書きにくいです。

これくらいにして又。　清水二三男拝　かね子様

23　大阪市港区抱月町一ノ三七　瀧本兼子様　2・11
満州国牡丹江省密山県新密山河田部隊池知隊　清水二三男　14・2・18

今日は紀元の佳節である。

自然の神も心し給ひしか、固くとざされたる如き氷塊も春の日の温みを受けて解け出した。我等の心の氷も解けた様に今日はなにかしら楽しく胸がわく〳〵して居る。

こんな日が暮れる時はきっと寂しい。何かしら物足りなさを心の裡に残される。空しさを感じてならない。早くから貴女も感じて居る様に毎日今日の様な日が続く時節がくれば好い。人はなぜか皆一様にそう願って居る筈だ。皆楽しい一日を持つことを待って居る。楽しき日は岐度来る。来ればこそ総(あら)ゆる困苦に耐へ忍んで居るのだ。

今の貴女は増してそうであろう。

楽しき人生である。貴き、尊ぶべき青春であることよ。こんな時こそ我々は犠牲に対し最大の感謝と泪を流さなければならぬと思ふ。必ずそうあるべきだ。鉦馬兄こそ衷心より惜しむべき友である。

僕の本当の友、親愛なる友であった。今の僕には貴女と云ふ対象のある以上鉦馬君は何時でも僕の心の裡にあると同じである。嬉しい。最も意義が深い様に思へる。僕が貴女に対する便りがあまりにも他人じみて居ると、義母様からしかられた。

うれしい。僕は限りない幸福感が一度に胸の底から湧き出して来て何時の間にか（微ま《ナマ》温い《ヌルイ》）泪があふれる様に出て来るのを僕はあえて止め様とも恥しいとも思はなかった。

それに昨日のお手紙の〝電燈〟の事、夕食の時思ひ出してあやふく皿（食器）を取落す程であった。

時々スケートの真似事をするが滑ると云ふよりどっちかと云へば倒れる稽古の様だ。終ひには一人腹が立って来る。もうその時は腰がギク〳〵する程痛んで居る。

今日下給された薬がそろ〳〵効目が見えて来て面白い唄声や劇しい仕草や荒い口調等が起って居る。

日常張切った心を和らげるこんな時の酒はなか〳〵重宝な物だ。

僕の様な下戸はアンパンでも喰って手紙を書く。それが愉しい。

梅原も甘い物食いたいか、さっきから〝酒保いかんか〟と尋ねに来て居る。書いて居る手紙をのぞき込んで冷笑《ヒヤカ》して帰って行った（自分の室へ）。

将棋はあんまり強いので（相手が）相手なし。囲碁は知らんので云はずとしれた天下一。唄でもうたってやろうか、それも下手。莨《たばこ》でも喫って何をしようか考へよう。

度々面倒ですが、本を送ってやろうと云ふことですから講談社の絵本でもと思ひましたが、それはあんまり大き過るから、新潮文庫の（277）吉田絃二郎の〝島の秋〟か（198）同氏の〝高原の日記〟、後の方が望ましいです。又同氏の随筆、同文庫の〝静かなる土〟、同文庫の森鴎外の〝雁〟、ダーアヰン（ママ）の〝種の起源〟（上下）、これはなるべくほしいです。岩波文庫の方にもあります。いづれも特別買ひに行ってもらふ必要はありません。

それから〝理研のビータミンD〟と云ふ薬がありますが、僕は皮膚が弱いのとカゼの予防にほしいのです。ついでに頼みます。二三男拝

24

大阪市港区抱月町一ノ三七　瀧本かね子様　2・19

満州国牡丹江省密山県新密山河田部隊池知隊　清水二三男拝　14・2・24

こゝ二、三日前から急に春らしくなって来ました。堅氷や雪が解け出して、黒土の土肌が黒々と現はれて僕達の鎖された様な心もやうやく甦へった様な感じです。

内地ではさぞやと思はれます。

皆様お変りなき由、何よりです。

〝結婚相談所〟？の方も仲々御繁昌らしい、もうかりますか。

赤松君の方は御心配御無用。彼は一度結婚しとったんですが、ある理由で一子を他家に養子

にやって離婚したんです。彼の性格を知らないと彼の配偶者として適当な者はとても探し得られないと思ふ。彼の性格の裡には前述の破局が強く影をひそめていない限り、他人ではちょっとどうすることも出来ないと思ふ。

僕の兄は一月の好日に大江神社注に於て無事に人生の一段階に進発してたゞちに筑紫に蜜月の旅をして名所を辿って6日頃帰ったそうです。

お嫁さんは縫子の方と聞き及び申候。鴛鴦の契いとうるはしく。その幸福を……、と云ふ所にて候。

今新聞いたゞきました。

昨日（十九日）小包を戴きました。

有難う。唯がっかりしたのは御飯の副菜物（例へば福神ヅケ、赤貝の缶詰等）、毎食少しづゝ味はへる物がほしかったです。

菓子類よりえゝ様に思ひます。

仲々慰問品は難かしい。その場所〳〵によって考へねばならぬらしい。今度から注文します、と云った所で注文してから一月はどうしても掛るし、もらふ方も難かしい。僕はいはゆるさかな類は口に合はん方ですからね、何んとしても…。

新聞の小説折角のでしたが現在は小説を読む気になりませんから心に背いて焼きました。なぜ小説を現在読まないか…、解って呉れると思ふ。解ってもらひたい。

故郷の女の先生、未だ顔は知らないが、義姉の親友の姉さんとかゞ、僕が病院生活以来御慰問下さるが、その人から先日、〝あけぼの〟と云ふ小冊子を送って下さった。以前にも送ってもらった事があるが、とても有益な本である。15センでとても愛国的な事が書かれてある。あゝした類の本を大いに求めて居る。僕は近頃夕食後より寝る迄の間の時間をとても愛して居る。静かに孤独感を愉む間である。

僕は貴女に望むのは（これが初めてゞあるが）素直で飾り気のない（外面的ではない）娘であってもらいたい。娘と云ふのはあくまでも純情でしとやかさはその心にあり、如何なる苦難にもじっとこらへられる素養を持つ。理窟のない所にその良さを現はしてもらいたい。

きっと現在は僕の望んだ侭であろう。だからその侭であってもらいたい。他の感化を受けてもらいたくない。かく僕は願って居る。

愛とは信ずると云ふことである。故に貴女の眞心は限なくうれしい。幸福（シアハセ）である。永劫を祈りつゝ。挙手。二三男記

注 大江神社は、大阪市天王寺区夕陽丘町にある、四天王寺の鎮守として聖徳太子が創建した七宮の一つ。明治の神仏分離までは太子自作と伝えられる毘沙門天を本尊にするなど神仏混淆であった。天王寺北

村の産土神で、1707年から08年にかけて近隣の土塔・上之宮・小儀の各社が合祀された。戦災で社殿が焼失するなど大きな被害を被った。

25　大阪市港区抱月町一ノ一三(ママ)　瀧本兼子様　2・22
満州国牡丹江省密山県新密山河田部隊池知隊　清水二三男　14・3・3

寒さ幾分和らいでとても楽になって来ました。

内地も春暖を感ずるそうですね。

二十日にランプの小包戴きました。珍品なんか送って下さって誠に心苦しい。御両親様の御配慮感激の外ありません。そして又今日十七日付のお手紙落手しました。兄の婚礼に際し家から何んのお報もしなかったらしいですね。遺憾に堪へません。責任を感じます。

新聞は「毎日」が毎日とゞいて楽しみが増して嬉しく想って居ります。それからお互の感情の事はむづかしい物で割合平易な言葉や素振りでたやすい物となる様です。業務や健康の状態によって感情も種々変化があると思ふから、何時でも明朗をどちらかゞ持って居さへすればなんでもない事だろう。美子姉さんの方は永らく失礼して居るがお変りはないでしょうか。よろしく御伝言の程お願いいす。変節の折御自愛あらんこと祈る。挙手。

26　大阪市港区抱月町一ノ一三（ママ）　瀧本兼子様　2・26
満州国牡丹江省密山県新密山河田部隊池知隊　清水二三拝　14・3・6

暖かくなるのかなァーと思って居たら、今日は又寒さの親父が黒土を巻き上げて吼（ほ）える様に吹く風と共に俺達のホッペタを真赤にしびれさせやがる。

もうそんな手で俺達を苦しめ様たって古くさい。慣れてしまって面や手はタコになってしまってるから駄目だよ、と水鼻汁を手袋でこすり取りながら、室へ逃込む様に帰って来て、手紙でも書くかなと思って羊羹喰ひもって書き初めたが書くことがない。

倉本一男氏が僕の事をたずねて居たと、ある戦友から昨日聴いたのですが、どうした人ですか。いづれ会へる事と思ひますが。

羊羹はとても甘いね。

写真出来上って来たから同封します。

どうもバックが悪いと云ふより似合って居らないが、そして●くて狸の化けそこないみたいやが、心を明治時代にいたしてバックと云ひその出来上と云ひ、その文化開初を物語る物ならん。

あんまり目を止めて見つめんように。こちらがほゝ笑むと気い短かいから叱り出す。こちらがぐっとねめてやれば恥しさをまぎらす様にちょっと笑ひ掛けやがる。

まあしゃく〱とすましたもんですわ。

解説終り。

価値一塊五毛。

又今日の日もやがて暮れんとして居る。

そちらは夕方は忙しいことだろうと思ひます。

早二月もあと二日、ぐづ〱している間に三月だ。何だか三月は待ち遠かった様な気がするが別段近よって見れば何んの意味ももって居ないのにがっかりする。空は今の僕の様だ。雲切れ一つなくガランとした、漠としたコバルト色を呈して居る。

次の便りにゆづる。

今兄からの便りが来た。近隣の幼な友達は、事変最初から未だ山西省の山岳地帯で黄河をはさんで聞く敵味方の砲声で意気益々盛んらしい。彼にも便りを書こう。清水二三男拝

27 大阪市港区抱月町一ノ一三（ママ） 瀧本兼子様 3・7
満州国牡丹江省密山県新密山河田部隊池知隊 清水二三男拝 14・3・14

やるせなく寂寥（せきりょう）を感じて居る今日此頃、春の来る日がもどかしく想へてならない。

皆様お元気で何よりです。

僕も相変らずだが元気とも云へない。体の調子がちょっと今のとこ悪くて残念です。もう少し暖くなったら回復すると思ひます。ともあれ軍務は無事に励んで居ります。

内地は文字通りの楽しい春であるそうですね。四日前に〝高原日記〟と外着きました。有難う。新聞は切取ってからでも結構ですから。今日の分は切抜いて同封します。慰問袋はいたゞきました。お礼状は未だ着きませんか。

耐子さん注の入学試験も目睫（もくしょう）（編者注―目前）ですね。学校は何校ですか。

春の野球もうぢき開催されますね。野球も三年見なかったら興味が薄れてしまひました。愉しいニュースはありません。

「甦生（そせい）」

振り返り見ればよくぞと思ふ。ついぞ此間迄、あの針をふくめる寒風を我ながらよくぞと思ふ。無事哉。

今日は南風を受けて戦闘帽も心好し。こよなく来たる春の甦生のよろこび。

森羅万象こと〴〵く春の光を受けて巡り来た春に生々とした色、愉しき姿よ。

甦生のよろこびと感謝を示せり。嬉しき哉、長閑なれ日和、春の日よ。清水二三男拝

注　四女、兼子さんの一番下の妹。

28

大阪市港区抱月町一ノ三七　瀧本兼子様　3・12
満州国牡丹江省密山県新密山河田部隊池知隊　清水二三男拝　14・3・18

ほんのちょっぴり残りの寒さが未だ去り難く候。

三日付のお便り昨日拝読仕りました。

それから本も三冊有難たう御座いました。

こちらは暖かくなるにしたがひ軍務多忙になります。

雪で明●された高原も雪が無くなって積線(ママ)の重複がとても深く見え、道は山腹を縫ふて蜿蜒(えんえん)（編者注—うねり曲って長く続いているさま）と空の絶(は)て迄続くかと思はれるくらいに感じるのも、大高原には一木のない冬枯れた芽ばかり黄一色である為だろう。時々野鹿(ノロ)の大群が頻に愛嬌を振りまくって疾走して行くのも異観だ。大自然のどれもこれもが雄大絶なき姿だ。自然の大公

園だ。こゝでちょっと残念なのは白樺の大きな林とオーロラを見入るオロチョン注娘を見かけられないのが寂しい。期待がはずれた様に淋しい。然しこゝではやはり自然は絶対的に尽せぬ力をもって居る様だ。反抗は不可能の様に思はれる。そうすれば自分は自らオロチョン（自然人）にでもなった様に想はれる。

ビータミンAがあればそれ以上の事はありません。有難う。熱意に感謝します。

冊子許されゝばお送りしませう。

〝あけぼの〟もかく迄して探す程の物でもありませんが、あれば一度見ると非常に感動すべき事が書いてあります。

兄貴の家はどんな事をしたか知りませんが、僕はそんな事を期待をして居りません。又形式的な事は嬉しいとは思ひません。欠点があるなんてあたりまへの事で殊更肉体的にも精神的にも、特に肉体的に欠点の多い自分にして見ればなんの期待や望みを貴女の方に持っていゝ筈はない。たゞ自分では望んでもらって鉦馬君の代りに孝養を励もうとするだけが大きな喜びとせねばなりません。もしあんな事を真剣に思って居られる様ならばかへって自分の為に尽せぬ心労です。さう考へるならば望まれた理由がなくなるだけでなく僕としてはかへって大きな心苦しき感情であると思ひます。この事はお母さんにもよろしくお伝へ下さい。絶対そんな事を空想して居らないと。

学校を出てすぐ月給三十円足らずで社会の一人間として自分は親の許を離れて自由の中に辛惨を味はって来た自分です。人情も普通以上よく知って居るし、遊ぶことも一通り愉しいか苦しいかを味はって居ります。未完成ながら物の理りをわきまへて、何んでもやって来ました。唯意志と健康が合致しない為人より一歩遅れる様です。尽々（ママ）と不健康をなげいて居ります。その不健康がともすれば精神迄弱くするのではないかと思はれます。（健全なる身体に健全なる精神が宿る）のモットーが示す如く。

くど〳〵しく書き連ねました。

肩が凝ると困りますからやめときましょう。

僕の過去説明は帰ってからの事にしましょう。

本をあれだけ送ってもらへば当分の間は退屈しません。感謝します。

今日は曇りである。今迄あまり見られなかった雨でも降りそうな天気である。

では御健康を祈りつゝ。二三男拝（手袋と帽子のスケッチあり）

注 オロチョン族は、北東アジアの興安嶺山脈周辺に狩猟を主な生業としながら移住生活を営む少数民族。「満州国」を支配していた関東軍はオロチョン族に軍事訓練をほどこし、ソ連の情報収集の任務にあたらせた。

29　大阪市港区抱月町一ノ三七　瀧本兼子様
満州国牡丹江省密山県新密山河田部隊池知隊　清水二三男拝　14・3・25

慰問袋有難たう。

十七日にいたゞきました。すぐ折返して書こうと思ったのですが隙間(ママ)がなかったもんで。

今日は雪が降って寒さもちょっと和らいだ様だ。

今度は仲々沢山送ってもらったので梅原君や他の戦友達にも頒ってまだ手もとに沢山ある。まあゆっくりと味はいつゝ、当分楽しく暮せます。耐子さんの志願校である市立南女学校はとっても志願者数が多い様ですが、どうか無事パスせられんことを祈って居ります。

文運長久を祈る。そして嬉しきお便りを待つ。

今日雪曇りの為ほんのりと出る紅の月が見れない。天気の好い日はとっても美くしい。

紅の月を見ると心の中に懐しいものがうずく様に思へる。胸が熱くなる様に感じる。夢の様だ。全く美しい。一度見せてやりたい。そんな事もしきりに思へる。こんな事が又いつの日か想ひ出になるんだなあと考へれば寂しいみたいなもんだ。

新聞の送料の事は一向に気に掛けてなかったが。今迄ずっーと手に入って居りますが。新聞に書いてある郵税は一ヶ月金十五銭とありますが、今更気が付いて見るくらいなもんで今少しそうした事もよく研究せにゃいかんと思ひます。我ながらうかつなり。
大阪駅の工事はどうですか。もう大分出来て居るだろうと思ひますが。
桜が所々で咲き初めたらしいですね。桜漬を茶の中に入れて花を咲かせて懐しいやつよと思ひました。
桜漬故郷の春だと偲びつゝお茶に咲かせて春に逢ひたり（十八日夕食時）
あの小さな入れ物で梅原君等に分けて、少しだけ残ったのをいたゞいたからよけいに感銘を深くした様に想へる。
あゝした物は沢山より少しの方がいゝらしい。人間て変てこなもんだなァー。二三男拝
ペンで書くのが面倒臭いからエンピツで書きました。

30
大阪市港区抱月町一ノ三七　瀧本兼子様　4・2
満州国牡丹江省密山県新密山河田部隊池知隊　清水二三男拝　14・4・8
暫く失礼しました。
耐子さんの入学試験合格を心から慶祝申上げます。大陸は暖たかさと共に道路も泥海（ママ）んで来て一難去って又一難の態です。

新聞を毎日〳〵有難う。どれだけ慰められるか解らない。時代の推移を、内地の出来事を知ると云ふことは何だか自分達の生活にも安全性のある、そして明るい感情をもたらすものとして非常に嬉しいと思って居る。

近頃ちょっと精神的転換期が来たらしく字を書くことが厭になって来た。字を書くと云ふことが恐ろしくなって来た。これは非常に僕を孤独感に追込む一理由ともなって来た。然し勤めて日一日を朗らかに暮して居るから安心してもらひたい。僕は何事にも耐へると云ふ事は他のどの友人にも劣って居ない積りだ。相当短気ではあるが、それ故によけいに強く耐へる力が必要である。が然し、誰にでもいゝ子になって近寄れないのが大きな欠点だ。少なくとも今までに精神的にも肉体的にも損をして居る。大きな欠点だと自分で一番その事を知りつゝも自分ではどうすることも出来ない。いくら悲しんでも駄目だ。努力はして居るがなんだか真実性のない物になってしまって無駄な様に思へて来る。いゝ子になろうとすることは、それは虚（ママ）りである、悪い事である。生きて行く事は難しい。最っとも好く生きて行くことは難しい。人々は自分自身で難かしくして行くのではないかしらんと思はれる。

そうすると易く生きて行く人こそ無駄もなく最も好き生命を保持せる人かもしれぬ。あらゆる意味で、だから君も何も文章が下手だからと云って悲しんだりしては君自身難かしい物として居るに外ならぬと思ふ。

自身の身辺に起る総ゆる出来事や自分の感じた侭を書くのが文章だと思ふ。そうした易き方に努力を置いた時はきっとほんとうの意味の上手になれる。

総てそうした易き方法を考へて互に努力して行きたい。字も無理に崩さなくとも四角張って初めの内は書いて居ても自然にくずれてくる。だからやっぱり四角張った字を書いて行けば自然になれた字になって来る。その型を自分で満足してさへ居ればいゝ。そして他人の型を良くまねて書けば良いと思ふ。

以前に書いて送ったのは短歌ではない。少なくとも自分では詩に似ていると思って書いた迄の事だ。

感じたその侭を書いたのである。

「自然は、神は、運命は、我々に総ゆる仕事を与へてあらゆる方法で生きて行く事を命じて居る。」頭痛のする様な事を書いてしまった。

耐子さんには一層今後の文運長久を祈って居ると伝へて下さい。

小学校時代とは大分内容も学ぶ事も違ふからその転換期の努力をこそ一番その時代を左右する力だと思ふ。ちょっと感じたから。終り。清水二三男拝
兼子様
梅原君も発表はあったかねと心配して居て呉れました。多分便り出すと思ひます。

31　大阪市港区抱月町一ノ三七　瀧本兼子様　4・13
満州国牡丹江省密山県新密山河田部隊池知隊　清水三三男　14・4・20

久しく御無沙汰しました。

春は暖雨と共に我等の上にも巡り来れり。

御一同様其後お変りなき由、何よりだと思ひます。

僕も元気で励んで居ります。厳寒の大陸は又雨と泥濘の大陸に変●しつヽある。道を歩いているると知らぬ間に〝涯なき泥濘〟の歌を口ずさむくらい。（自然の神に訴へるのか、その歌の文句があまりにも現実性でピッタリとして居るのか）変な気持で唄ってしまふ。

一度唄って見てもらひたい。仲々上手だなァー。何未だ唄ってないって、そら済まん。

夜は今に零下に下ると云へば内地の人達はあきれるだろう。

昨日あたりからそうでもないが。花と云ふ物は六月頃にもならぬと見れぬらしい。

ビイタミン〟落手しました。有難たう。謝々、シェ〳〵、再見、ツァイチェヌ注。

注　中国にいた日本兵は中国語口語を借用して会話のなかで使用した。兵隊中国語という。謝々はありがとう、再見はさようならの意。

瀧本二三男さんの手紙とはがき

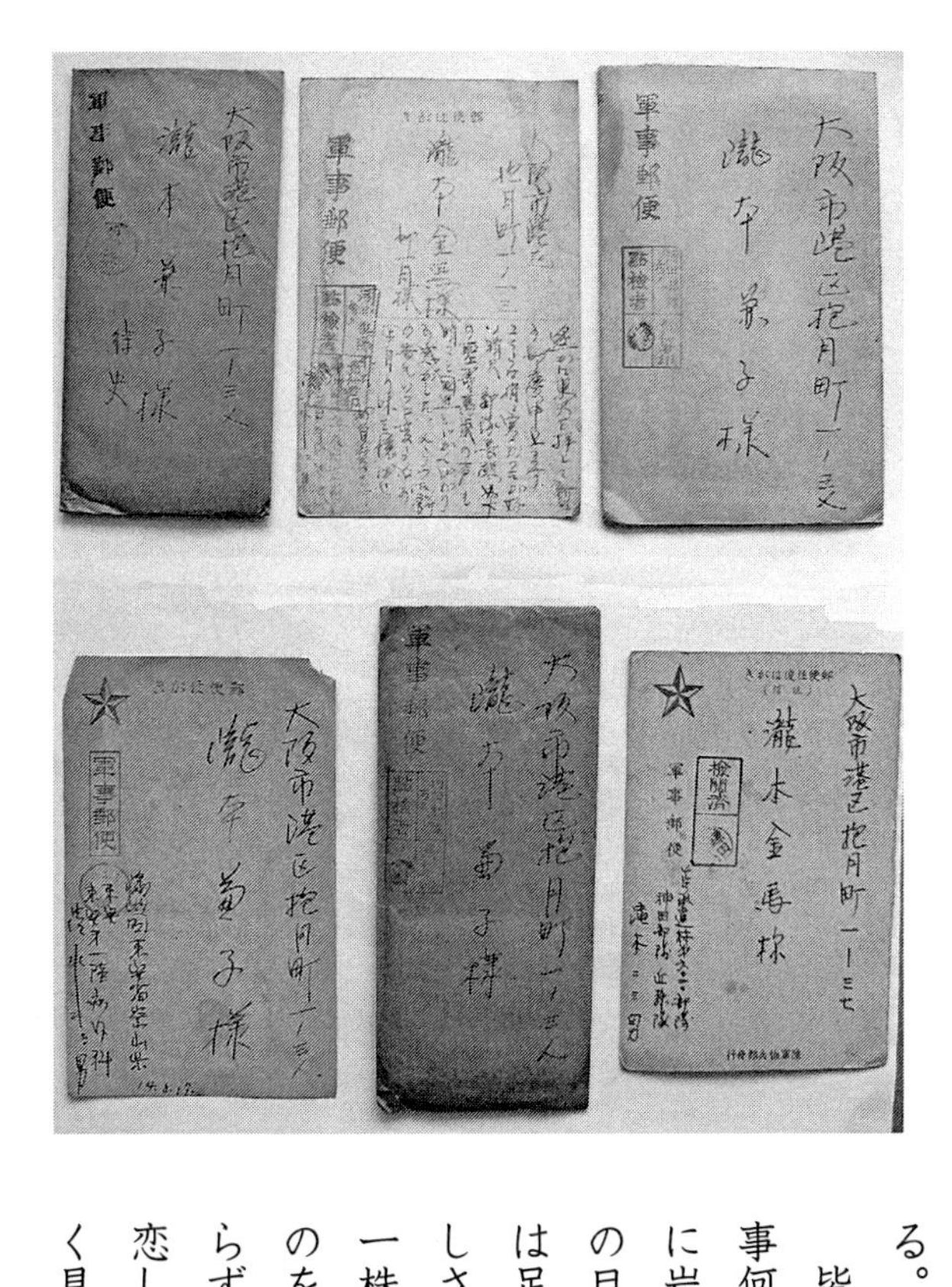

32

大阪市港区抱月町一ノ三七　瀧本兼子様　4・23

満州国牡丹江省密山県新密山河田部隊池知隊　清水二三男拝　14・4・30

烈々たる太陽は大陸の沃土に今将に芽生えんとする若き生命に春の挑戦の光を投げかけて居る。

皆々様御健勝にて春日をお暮しの御事何よりと思ひます。大高原を行く時に岩影等に躑躅（つつじ）の沈紫桃色の花が僕達の目を特に強く引く。いつの間にか春は足元に迄伸びて居るのだ。平常は優しさの持合せの無い様な戦友でもその一株を持ち帰りて朝夕にその色の増すのを楽しげにして居る。それにとゞまらず或戦友等は麦を播いて緑の生長を恋しき物の如くいつくしんで居る。全く見る目も嬉しい光景である。

暫く便りする気が起らなかったので失礼したが別段意味があっての事ではありません。

僕の便りはいつも君に対して冷たい物しか書き得ないことを残念に思ふ。少なくとも君の期待に相反して居る事は君の心以上に淋しい事である。

僕の通信はどうも老人くさくていかんね。僕は未だ大人ではない。そして子供でもない。青年と云ふ言葉も自分では近頃不似合な言葉の様にも思へる。雲雀（ひばり）が中空に囀（さ）へづって居るのを聴くとなんだか心浮立つ思ひがする。なんだか麦の若穂の香ひが漂って居る様にも思へる。近況迄。

御健康を祈る。草々　二三男拝

33

大阪市港区抱月町一ノ三七　瀧本兼子様　4・30
満州国牡丹江省密山県新密山河田部隊池知隊　清水二三男拝　14・5・6

花を先行として若葉、緑一色の五月、五月雨に散りて土の上に模様を描く山吹のさえた黄色の花片。追憶すれば数限りなき情趣の溢る丶五月がやって来た。五月は男の節句である。

〝鯉幟こ丶にも日本男子あり〟と云ふ平凡な句さへなんだか今日の日本の意気の表徴の如く思はれる。青空に五月の風でひるがえる鯉のぼりが今僕の心に甦（よみが）へるならば何んだか新らしき精魂を感ずる。

皆様お元気にて山里で一日桜を観賞された由、うれしく思ひます。皆様のお心を充分と迄行かないが多少ともお慰さめ出来、心にも春をお感じ下さったなれば幸甚此上ない事であります。

小包（慰問品）二十七日の日に戴きました。

有難う御座ゐました。度々なので心苦しい。御真情うれしく思ひます。

高原は日一日と緑が浮き立って来ます。草々　二三男拝　兼子様

34

大阪市港区抱月町一ノ三七　瀧本兼子様　5・15

満州国牡丹江省密山県新密山河田部隊池知隊　清水二三男　14・5・21

大陸の風景は冬から一足跳びに夏の色調を見せ、春の日の短かさを振返って見ると唯なんの変化もなかった様な気もする。

名も知らない草花が大高原を埋め尽して王道楽土注の歓喜を無限に讃へて居る様である。紫し蘭らんや芍薬しゃくやくの葉だけ見るだけでも美くしい自然の感興であると思へば一しほうれしい。

先日は写真有難う。なか〳〵よく写って居る。人の写真の褒め方は難しい。あんまりほめる

と写真屋の手柄になる。くさすと無論悪い。なんだかあの写真を見て世の中がすっかり変ってしまった様な気がした。外泊の時から高知での面接写真、そこには一々変化を認める事が出来る。他の妹さん方は未だはっきり見た事がないからこれが初めての様だ。耐子さんの学生服仲々よく似合って居る。いつ迄もこの様に純真な姿で居れたら幸福な事だろうとそんな矛盾した考へ方はいけないネ。

今度はずいぶん分永らく手紙を書かなかった。別段理由なし。唯かけなかった迄。暑くなって来たので頭がぼやけて来る。今の僕の生活はとても忙しい。時々の閑(ひま)に倦怠その侭の面かっこうで東へ〳〵流れる雲を見る。雲は総ゆる色総ゆる型をしてやがると妙にぼんやりした事を考へて突立って居る。強ひてその雲の深さなんて考へない。僕の服は変な移香があって飯の時も、雑話してる時もいつでも臭ってやがる。妙にクサイ。

これでやめときます。手紙に書く程の事がらないし文句にならない。二三男拝　兼子様

注 王道楽土は、西洋の武による政治（覇道）ではなく、東洋の徳による政治（王道）でつくられた理想国家（楽土）をいう。1932年の「満州国」建国の理念とされたが、「満州国」は軍事・政治・財政・経済など、すべて実権を日本人が掌握した、事実上の日本の植民地であった。日本全国から満州へ移民として送り出された満蒙開拓団と満蒙開拓青少年義勇軍はのべ32万人。「開拓」と称しても、実態は中国人・朝鮮人の既耕地を取り上げたのがほとんどで、現地の人びとにとっては決して「楽土」を意

味しなかった。

35　大阪市港区抱月町一ノ三七　瀧本兼子様　6・3
満州国牡丹江省密山県新密山河田部隊細木隊　清水二三男拝　14・6・9

花の大陸、大陸の夏の花原、花、麗を競ふ。……

なんと書いてい丶のかボヤケタ頭にちょっと名詞名文がうかばない。全く内地では想像を許さない、絨氈を布きつめたる丘は、大地の起伏は、我々の心に倦怠をおぼえさ丶ない。

日中は少し動くと汗が滲んでくる。内地も多分そうであろうと思ひます。〝汗は健康のシンボルなり〟と云ふ言葉があるがそれは結構として、流れたり襦袢（じゅばん）（編者注―肌着のこと）を汚したりするので厭な事である。全く人間は矛盾の内に生くることが人生の本義である様に思へる。だから矛盾が大きにしたがって幸福が又増大されると云ふ訳になる。

下手な考へ休むに似たり。……自嘲して居るのじゃないよ。

昨日（二日）は僕が昨年永い病院生活をさようならした日であった。その事を今朝気がついた。

今日一人で祝って居る。唯心の中の中で。

大阪の市電の乗継がとっても面倒な事になって居るのですね。客の方はそうでもないかしらないが。薩摩守[注]退治のお上から考へ出されたのであろう。まけ〳〵。宛名に注意して下さい。変りました。

今日●終り。二三男　兼子様

注 無賃乗車のこと。薩摩守忠度(ただのり)に掛けたしゃれ。忠度(忠教と書くことも)は平清盛の弟で、『平家物語』「忠教都落」の段がよく知られている。

36

大阪市港区抱月町一ノ三七　瀧本兼子様　6・15

満州国東安省密山県東安河田部隊細木隊　清水二三男　14・6・21

内地はもうすっかり夏に成りきって居ることでしょう。

こちらも夏らしい、と云へば変だけれど。

こちらには稲田が見えないが蛙の声だけ聴くことが出来る。夏のジャズだろうナ。とっても昼が長くなって来た。夜は九時頃迄明るい。十時頃暮れるのだから。そして朝は三時半頃には大陸の変化のある霧が山をかすめて払暁(ふつぎょう)の緑が真新らしい姿で我々を迎へて呉れる。

皆様お元気の様子、耐子さんからも遠足の情況をくわしく送って下さった。僕は今部隊の酒保に勤務して居る。朝早くから晩は戦友達の眠る頃まで元気でしかも愉快に働らいて居ります。

兵隊は実に細々と買ひ沢山食ふ。家で商売してこれだけ売れたら一財産くらい直ぐだろうなアとさへ思ふ。

此頃の高知の方は一年の内一番僕の好きな節だ。青葉若葉の高知はなんとも云へない旅愁さへ感じるし、ジットして居ることの出来ない程愉快さを醸成する。昨年の今日だったと思ふ、貴女の家をお訪ねして鉦馬君の仏壇に参拝させてもらったのは。その時に初めてゞはないが予めそれと知って逢ったのであった。だから初めと云ってもはゞからないと思ふ。君の其時の感情も僕のそれもそうだったと云へるだろう。

それから二度目、三度目、君も感じて居る様に僕の君に対する態度は何等変ってない筈だ。故に形式上許されたもの丶様に寂寞を感ずる事すらあろうと思ふ。自分もそう感じる。その半面にはお互いに割合平易にその約そくを待って居れるのだと思ふ。又そう思ったから圧へられるだけの感情を圧へて来た。

今後も御奉公中は大事の時の落たんの少しでも軽い様にと願ひつ丶、この侭を守り通したいと思って居る。決して自分では燃えない人間だとは思って居ない。唯未練だけ残さない為に……。だから空想はする。もと〳〵空想なんて厭な事だが空想を追ふと云ふ事は愉しい事なんだろう。

〝鈴蘭、姫百合、姫カンゾウ、芍薬等々の咲く丘の見える窓の下で今日はこんな無駄な事を思ふ侭書き連らねて見ました。〟終り。

お姉様によろしく。とても書くいとまがありません。

（別の紙切れに）白樺は清楚な感じと、忍耐の表徴の如く無言の姿で千古の大地に大空にそびえ立って居る。

37

大阪市港区抱月町一ノ三七　瀧本兼子様　7・3

満州国東安省密山県東安　密山第一陸軍病院内科へ号室　清水二三男　14・7・9

すっかり夏に成ってしまひそうだ。

夏祭の笛や、太イコの想ひ出が僕の今の頭の中でさはいでやがる。子供の時は正月より待遠しかった。こんな事想ひ出すなんて全く他の戦友には済まん気がするが許してもらふことにする。

今それをやりたいと云ふんじゃないからなア。君今どうしてんの、何考へてるんですか。君はお祭りたって見物の方だろう。お祭りの中の人になってみたくないかい。それは面白いぜ。なんとなしに自分の事でさはいでるみたいな気がしてネ。思へば馬鹿見たいだが。

僕んとこのお祭[注①]は裸祭りと異名ある如く、褌一つでさはぐのだ。僕の村（字）は他の村に比べて地車だから太コ見たいに安ぽくないから鼻高々だ。それだから学校でも大いばりだ。それだからよけいにお祭は嬉しかった見たいなもんだ。そしてお宮さんは僕の村（字）にあるんだ。なんといってもお祭は神立からと云ふ感だった。十二ヶ字の頭みたいだ。万歳、万歳、うれしいネ。

然も花の字だ。一番高い所にある。その上に市内からも沢山お参りのある水呑地蔵さんがあるんだからネ。なんでも一番だ。子供心のこの自惚(うぬぼ)れのおそろしさ。笑ふなよ。えらい事書いてしもうた。内緒〳〵。

その上一番不便だろうと君は云ひそうだネ。子供にさからふな。泣すぞ。僕が祭り太コで相撲を思ひ出した。今甲子園でやってるネ。これも僕は小学校で一番強かった。先生を押出しで勝った。先生が負けて呉れたのかはしれんて、なんて云ふ。後がうるさいからって、そんな事ない。僕は勝ったんだ。僕は大関だったんだ。えれえもんだろう。〝夏日追想家〟

慰問袋有難う。もう一週間になるがまだ開けてないんだ。どうしてって、それを聞いて呉れるな。わしやつらい。え丶なにもかも云っちまお、うそは云へない。その代り御両親にも内密だぜ。甲機は絶対に秘密にすべし。それはネ僕今○○（ママ）だよ。
あ、ちょっと汗を拭く。●●臭いぞどうもこの手拭は。
再び着るまいと、昨年嬉し涙で〝ぬぎ棄た〟白衣ではあったが、病には勝てネエは世の習ひ。かりそめの病を得てなんて書くと悪い方に取られてはお困りぢゃ。

今般私儀、急性とは云へ慢性であると自診する急性胃腸炎並マラリヤなる病名の下にこれなる病院に送られました。最初は一日二十幾回か厠、地方じゃ便所、ホテル、公園、喫茶店、駅……等々ではW・Cなる名称なる所、場所になんに惚れたか通ひました。汚たネエ、アイヤ注②もう今じゃ行かネエよ絶対。行かなきゃ死ぬるよ。それじゃ、一日一回だけ。僕の生れてこの方の習慣により朝の礼とも云ふべき尊き習慣であーる。大いに学ぶべし、最長時間約一時間半。自慢にやならねエ、なにしとるんやろ。考へとるんや、何を。解るもんけエ。イヨイヨモッテ汚たネエ野郎なり。

こんな話よしましょう。

それより、次第に快方に向つゝあり。近日愛する銃、愛する馬の許へ帰へれるであろう。うれしいネ。

口外は絶禁だぜ、云ふなよ、マッコト。もう腹、頂好頂好（チンハオ）注③だ。酒保行って食ひ過ぎたんやろうて、もうそれ云はんといてほしい。もう耳が裂けるほどえらい人からも戦友からも云はれてまんのやがナ。恥かしうて〳〵泣たろうかと思うたんやけど腹立て、やったら又便所行きとなったんでそれ以来腹なんて横にしとるんですわ。その方が何の問題もおまへんよってにな。

心はいたって朗らか満足だ。然しあんまり永いこと食はなんだよって足ふら〳〵や。まゆ毛がじゃまで前が見えん。一里や二里とは云ふもんか、ほんまに目にみえんくらい奥へ入り込でしもうた。そらウソの皮。いらんことどっさり書いてしもた。

では、一日も早く退院出来ることを祈りて、〝気ォ付ケ〟〝休んだまゝ〟〝本日はゴ苦労、お疲れ、解散〟〝頭ラア右〟〝直レ〟〝ワカレ〟これでおしまい。ハイチャ。終り

まだ手がむづ〳〵しよるけど紙数が許さん。

兼子様　おゝ金であればもっとよかった。金子(キンス)様

（欄外に）村とあるのは字の間違いで。〝小人閑すれば下痢をなす〟〝楽は食なり食は病なり〟〝食物は身体の元なり花は心の糧なり〟女は胸の火なり、〝寒き物その名は風なり涼しき物その名は風なり〟

注① 高安祭りといって、神立にある玉祖(たまおや)神社の氏子12ヶ村（字）の夏祭り。7月16日、各村から太鼓台が出、神社の神輿の渡御もある。神立から郡川の御旅所まで渡って行く光景は見ものであった。

注② あっ、おや。驚き、不満、困惑、心配などの気持ちを表す。
注③ 一番好いの意。反語的に用いている。

38 大阪市港区抱月町一ノ三七　瀧本兼子様　7・8
満州国東安省密山県東安河田部隊細木隊　清水二三男　14・7・14

三伏(さんぷく)注の夏は雨と共に。昨夜久し振りに雷鳴を聴く。昨日は七夕祭りだった。そして今事変二週年記念日であった。僕は雷鳴を聴きて蘇生せり。あの時、あの日。一片の緑り(ママ)を覚えざらんや。まだ退院出来ずにおります。病後の健康未しの感あるをどうにもなし得ざるなり。どうか心配せずに居って下さい。

一時はくたばっちまうんじゃないかしらんと思った。これで赤痢にでもとっ丶かれりやあかんと思うてなあ。やっぱり元気な方がえ丶。近頃になってよう降りやがる。梅雨の蒸し返しやろうか。

世の中広い様でせまいなんて概念的な云ひ方やけど市岡の然もその家の近くに居ったと云ふやつが多々的有(たーたーでー)や、俺の戦友なんて。辰巳町なんとか云ふ所やった。発動機の造る所かに居ったそうやが、驚くじゃありませんか。

今病友が暖かいコーヒを入れて呉れた。

少々物価は高いが何んでも不自由しない。煙草なんかでも四銭で二十本あるんだから。内地の人に送ってやりたい。とてもうまいからナァ。酒でも殆ど内地の三割方以上安いのが酒保にあるからネ。

食料品は大抵くわん詰だからフレッシュな物は得られないが、近頃の食ぜんに青菜ッパが上る。うれしいネ。僕は豆腐と菜葉が一番好きだ。これさへあればいゝ。味噌汁、スキヤキ、刺身もうまいけど。僕は魚類でちょっと生意気なけどおつくりしかよう食はん。

おほよそ自慢じゃないが、水中に生活する物で海苔と塩と、貝と、かつお、まぐろのおつくりだけお召上がるだけで、極く簡単に山の中的に土に生くる物のみにて生きて行けるのです。されど鶏肉だけは吐き出すと云ふおだやかならざるくせあり。どんなに美味に造ってあろうと僕の口中に入ればちゃんと選別され、雑魚の鱗一つでも吐き出してしまふと云ふ始末の悪い代物だ。お医者さんに診てもらったがこれはしかたがないと云ふことだ。うっかり鯛の肉でも腹に入れば忽ち中毒症状を起すと云ふ難物。驚ろいたろう、お寺式だ。

油っこい物ならいくらでも、豚がおれを見たら逃げるくらいだからね。豚料理とくると首ったけ惚れこんじまふ悪へきあり。されど日頃粗食主義なり。豆腐でも喰っとりゃ充分事がたる。

えらい食ふことばかりになってしもうた。未だ慰問袋開いてないんだ。
耐子さんお元気で暑中休暇を楽しみに勉学にいそしんで居られる事でしょう。
和子さんの消息は一向に聞かないがどうして居られるのですか。
お二人にいづれお便りしませう、よろしく。
窓近く演習に行く戦友の姿を見送りつゝ、緑の大地を踏んで。密山第一陸病内科ニテ記

注 夏の土用を初伏・中伏・末伏の三期に分けた言い方で、夏の最も暑い時期の時候の挨拶に使う。伏は火気を恐れて金気が伏蔵するという意。

39

大阪市港区抱月町一ノ三七　瀧本兼子様　7・13
満州国東安省密山県東安　密山第一陸軍病院内科　清水二三男　14・7・19

梅干は赤い。そうでないのか、梅干が着色料によって赤くなって居るのか。こいつを見ると自然と口の中に水が涌いて来る。僕は胃腸を病んで居てもかく味覚敏感である。食欲旺盛である。

梅の青い果実が緑の葉陰にポツ〱と成って居る頃だ。子供の頃よく探ぐってはむしって喰った物だ。しかし核は食はなかった。ソラアタリマエへ、食べるものか。あの核は毒であ

る。自殺したくなったらあれを食へばいゝ。青酸が含まれて居る。そんな事必要あるまい。残念乍未だ褥中（じょくちゅう）[注①]の人としてこの便りを送らねばならん。相当疲労をしとったと見える。

今より耳じゃない、頭の痛い事を書いて見よう。相当意地が悪いからね。

手紙がこねえ〳〵とおっしゃいますがネ。唯ぼうぜんと用件もないのに綴方教室みたいな事も少々あきて来る。だから便りほしけりゃなにかそちらから誘惑手段を用ひてもらひたい。そうすりゃ不精な俺も不精不精と云ふとこで便箋を前に考へ込むでしょう。でなきゃ便箋前に一時間莨すったり考へたりで、やめとけ又次に気の向いた時と云ふ具合。それに隊に居る時であれば書きたい事も書けずやめとけの連続と相成申候也。

鯛がほしけりゃエビの例へに寸●も漏れず。

昨日から晴上った空は目にまばゆい。夜になると支那[注②]語で蛙が鳴き始める。音痴の僕でさへ静かに聴いてみる気がする。苺草うまいね。

朝顔は昨日一輪今日二輪

速詠ではあるが、短命であるが実を結ぶことを忘れない朝顔になんではかなさを感じよう。人生五十年と云へど実を結ばざれば朝顔に劣れり。なほ長生する共結実なくてなんの人生と云へ様、難しいナァ。エ、この男はほんまだっせ。女房が可愛想だと戦友の誰かゞ云った。全くネ。

時たま理性も知性も棄てゝしまひたい衝動にかられることがある。それやむりないワ。スキヤキうまいね。但遠慮のない所でこゝに梅原から来た詩と、名文詞とを同封して居きましょう。隊の庭の前に僕が蒔いたクローバー、芽生てこんなに大きくなって居るそうだ。又押花は僕がそゞろ歩きの足下に開いて居た可憐な一輪である。姫百合は駄目だったから送ることが残念乍出来ない。

せめてこれで大陸の夏の草原を偲んで下さい。厳然たる平和を想って下さい。

三本目の煙草が今火を点じられた。

熱いなァ。汗が湧いて来る。

外はどれだけ熱いか。清水

兼子様（押し花と詩文同封。苺草のスケッチあり）

注① 褥は寝るときに用いる敷物のこと。

注② 江戸中期以来アジア・太平洋戦争末まで用いられた中国に対する呼称。現在も使用する場合がある。中国に対する侮蔑の意を込めて用いられることが多い。

40　大阪市港区抱月町一ノ三七　瀧本兼子様　7・16
満州国東安省密山県東安　密山第一病院内科　清水二三男　14・7・21

今日は、又病床のつれづれに書きたいデス。

窓を開ければ草原がずっと遥かの山迄延びて居る。それをじっと見て居ると様々の事が泛(うか)んで来る。

壁にはカレンダーの台紙に描かれた抒情画の乙女が変らぬ大きな瞳で僕をじっと見て居る。カナリヤ、菫色とピンク色、深紅のバラもなんだか芳はしげに感じる。カレンダーの数字が次第に消されて行く。伸びるにまかせた不精ひげを撫でたり、ひっぱたりして天井の蠅の数を僕が数へて居ると、隣の奴はブルースの切ないそして胸の苦しさをうったへる様な、遥かな離別を想ひ悲しむ様なリズムを楽しそうに口ずさんで居る。そいつが一層蒸し暑い室の空気をあふって居る様に思へて足の黒い毛を引抜いてやるとやっとのことやめやがった。やれ〳〵気でもさっぱりした。おもむろに蠅のラブシーンをみつめて居ると（実はにらんで居るのかもしれん）、大きな溜息のかたまりが胸につかへて来てやがてそれが口から出てしまふ。おそらく未だかってこれ程手紙を書いた事がない。何が彼をそうさせたか。

緑の地平線を抜け出た赫い太陽は僕の枕辺迄さし込んで来た。通俗小説のきらいな僕もたい屈まぎれにそれを余儀なくされて居る。がもうこの退屈も少しだ。

君は海が好きかネ、山か。

趣味は一体何と自認して居るかね。

生花の方はどうです。もう殆ど呑み込めた事と思ひますが、盛花と、投入れ、一輪差と若松が生けられる様になったら一人前。色々流儀あるけれど似たりよったりで一つさへ知りやええんだから。僕は習ほうとして習った事は少ないが大抵は見覚えだ。

山へ登ったら気持がいゝだろうな。

こんな事ばっかり思うとったら隊に居る戦友に済まんが。

まあ充分健康に留意して下さい。

二伸　午后の診断の結果普通食を食べてもよろしいと云ふことになりました。

そこで先づ慰問袋を開きました。待ち遠しかったゾ。多々的（たーたーで）頂好。

アイヤ残念梅原には頒けることが出来ません。

アイヤ誰かに頼むとしょうか。

門明准尉殿は河田部隊尾崎隊門明香殿であります。池知中尉殿が先日御見舞に来て下さいました。終り。清水上ト兵

41

大阪市港区抱月町一ノ三七　瀧本兼子様　8・9
満州国東安省密山県東安第一陸軍病院内科　清水二三男　14・8・15

朝眼が覚めたら太陽が窓ガラスにまぶしく反射して居る。ふと散歩を思ひ立って外に出て見ると澄み切った空気が僕をよろこんで迎へてくれた。藹々（あいあい）たる（編者注―草木のさかんにしげるさま）草を渡って来る爽やかな風はほのかな秋の感触である。僕の全身の皮膚を滲んで来るその気持よさはよろこびとか平和とかの言葉の外にたしかにある。思はず大きな呼吸がして見たくなる。春の草花は矮性だが夏、秋と次第に丈の大きな草花となる。〝吾亦紅（われもこう）〟久米正雄が或婦人雑誌に連載して居るあの花の名だ。どんな花か知って居るだろうか。僕の故郷の山に沢山ある。故郷の山にはその他桔梗もある。女郎花（おみなえし）もカルカヤ、山百合等今頃とても美しい頃だ。

……冷風は今も南窓から吹き込んで来る。

内地では夏の中等野球大会が始まる頃ですね。一度も見に行った事がないが、人々が友達兄が興奮して居るのを見ても決して厭な感じはない。時々僕もラヂオを聞いてその壮大な光景と熱技を想像しながら微かな興奮を覚えた。そして一度見に行きたいと思ってはいたが遠いからつい気おくれがして果さなかった。ラグビーは近いから度々行った注①。

旅行とかスポーツに自分から進んで行った事はおほよそない。その代り人から誘はれて事情

のない限りことはった事がない。その反対に自分の私用で出向く時に人を誘った事がない。こ

の場合は大てい迷惑な事が自他共に多いから。誘はれたらしぶ〳〵したがって行った。多勢で

行くのも好ましくない。

音楽の方は自身が音痴な為か音楽会も誘はれた以外行った事がない。曲の好悪は解るくらい

なもんだ。映画芝居は好ければ隙間(ママ)さへあれば行きたい。絵も進んで見に行きたいの方。

喫茶店やカフェーの方はといふと怒られるかも解らんが喫茶店は慌しい都会生活のちょっと

したイキ抜、休ケイ所として悪くはないと思ふ。こゝへは金のある時は毎日程行った。女の子

を見にでもない、レコード聴きにでもない、コーヒを味はひでもない、たゞ行きたくて行った

のだ。無論以上の三点の良好なる事程いゝことはあえて論をまたない。カフェーは行くには

行った事があるがきらいだ。行く程の小遣もなかったし、みす〳〵だまされに行くのだと解っ

て行くなんて僕の理性が許さない。君にエンリョして書いてるんじゃない。

あそこもこちらからだませる様になると面白いそうだ。俺はそんな苦労はしたくない。芸者

遊びはどんなもんかしらんがこれと同じことが云へるだろう。小遣の点では増々縁遠い所だ。

魚釣は好きでもなしキラヒでもなし。本は出来るだけ読みたい。夏は海へ行くひ間あれば山へ

行きたい。

趣味、通楽(ママ)、遊蕩を混同して書きなぶってしまひましたね。

告白の意味でなしに少しでも僕を知ってもらひたい積りで書いたのです。

病気も慢性だから今少しの辛抱せなけりゃならん様です。

今外を見ると山鳩が幾千と群集して飛び去った。これも特異の風景と云へる。

内地の暑さはこれからまだ〳〵酷烈になることだろうと思ひます。こちらは秋への歩みをすゝめつゝあります。

梅原君は益々黒く、益々元気だそうです。隊の人気者になっているそうです。

ある日（これは僕の元気な頃）頭をカミソリでつるりとそって隊長に〝梅原軍曹は今度なき戦友の菩提を葬ふ為に頭を丸めた〟と云って事ム室へ連れて行かれた事がある。さあ今頃どんな事して笑はせて居ることやら。これは内密にされたい。

春以来百花をせめて押花にでもしてと思ひつゝ、その目的も達せなかった。一番最初の箋に撫子（なでしこ）の花がハッてあるがこれは正真正銘の花である。特種の方法で白色に（生きている間に）変色させてその後押花する時から糊で塗り付けたのである。書く時手がふれていたんでしまった。

此頃将棋を覚えてどうやら時間を誤魔化して居ります。

永らく手紙書けなかったのは病気の為でなくて特別な事情の為書けなかった。

又これから時々便りすることが出来るだろうと思ふ。鳩の群は又飛去った。

便箋にいろんなものをはりつけたがこれは皆がやって居るからちょっと真ねて見た。不器用は生れ付き、かへって汚くした。もっと工夫すれば面白かろうと思ふだけである。

蝿は既知の通りで朝早くから眠たいにじゃましに来よる。うるさいのを通り越して腹が立つ。それが通り越すと平気になる。そしてよく〳〵眠れるあるナ。

そちらもハヘいるあるないか。南京虫はこちらおらんあるなナ。蚊多々デ居るあるヨ。足喰はれるホワイラ〳〵。

これくらいでやめときます。天元(てんもと)の姉さん注②によろしく。清水二三男 (草花や海のスケッチあり)

注① 大阪府中河内郡英田村(現東大阪市松原)に花園ラクビー場が日本初のラグビー専用スタジアムとしてつくられたのは、1929年のことであるが、それ以来全国的に著名なラクビー場として数々の名勝負を生んだ。もとは近鉄所有だったが、2015年から東大阪市営となった。八尾市神立からは、近鉄電車に乗れば短時間で行くことができる。

注② 兼子さんの姉で長女。結婚して天元姓に。

42

大阪市港区抱月町一ノ三七　瀧本兼子様

満州国東安省密山県東安　東安第一陸病内科　清水二三男　14・8・17

前略　快方　後略

43

大阪市港区抱月町一ノ三七　瀧本兼子様　8・18

満州国東安省密山県東安　東安第一陸病内科　清水二三男　14・8・24

こゝ暫く雨がない。

からりと晴れた初秋の空に秋に野草が清々しい色調をいやが上にも秋を讃へ、草むらに鳴く虫の声さへいつの間にか感傷をさそふ様になった。

今年の暑気もいよ〳〵終焉（しゅうえん）の為か蝿さへ滅切（めっき）り増えた。

秋郊の紫野（京都）をよく友と歩き巡ったものだった。そして実生活の塵と野辺の自然の幽邃（ゆうすい）（編者注—景色などが物静かで奥深いこと）にひたって心と力を集散して日の暮れるのを忘れて歩いたことも度々だった。いつの間にか京都の地にいまだ執着を抱いて居る。然しこの地の総てがそれ等の愁嘆を補ふに充分過ぎるくらい充分である。

御健全の事、何より幸慶の至りです。

折角労力して筆をとって見ても書く事のないのにまづ苦心する。

これでも元気であったら、一週間に一回くらいしか書けんからうんと頑張って何んとでも書いて見せるが……。

徒らに長く書くのが便りの意味から云へば適当とは云へないが、と云ってあまり簡単過ぎると折角の手紙も大して意味の無い常套（じょうとう）的な御機嫌うかがひになってしまふ。では元の――に帰趣（ママ）して戯（たわむ）れた事を書いて時々御機嫌を伺ふ事にしょうか。

恋文なら中々上手だからそいつにして見ようか。これなら相当自身もある。

最初にあまり接近するまいと思ひつゝ、近頃深く近ずいてしまったので自分でもあきれて居る。軍隊に居る間にはどんな事があるか解らない。心を引緊めんやいかんとは思って居たが。

それ故今更恋文もなんの熱も感じない。唯、君からもらふ便りは別だ。この場合書く時の熱だ。書くより思ふ方が遥かに大きいのかもしれん。然し未練な事は少しも持って居らない。それ丈ははっきりと云へる。

もうこれ以上打明けることはさすが俺でも出来ぬ。姉さんによろしく。清水二三男　兼子殿

44　大阪市港区抱月町一ノ三七　瀧本兼子様　8・23
満州国東安省密山県東安第一陸軍病院内科　シミヅフミヲ　14・8・31

鉦馬兄逝かれて早巡る二夕瀬、思ひ出のあまりに多きに驚く。靖国に神鎮まります。英霊に新東亜の建設の力強き現状を報告申して安らかならんを祈る。征還の実情をその目でその心で静かに或は激して迎へ送る君の感動を身近に感ずる。

僕の兄（三男）も春浅き頃結婚した妻を残して三七聯隊注に応召せしとか。その無事入営せしかは今だ便りなき為不明ではあるが同胞としてこの名誉うれしき、うれしく想ふ。

私的生活を棄て、我々は大いなる犠牲の為無上のよろこびをもって働き、犠牲の英雄の志を遂げ貫いて初志の光明を得なければ決して武装は解けない。弱々しき女の身で勇士の世話をして呉れ居る君の姿を瞼に浮べて一人感謝に熱涙の湧くを感ずる。

我々は最も生き甲斐のある時代に生れて来たものだ。感謝されつ、感謝する美しき人間の生活はこうして新らしき世紀へ進んで行くのだ。暑気の為倒れる兵隊は実際苦しいに違ひない。自分にも幾度かの経験があるがそれは苦しい。然し大いなる仕事大いなる期待を思ふ時、それは一種の愉快さが自づから苦るしさから助け出して呉れるのだ。

人間の幸福は、犠牲になった時に最大の幸福を感じるのである。これがその実証である。疲れ切った体を家に運んで帰って来て呉れた君の姿を思ひ浮ぶれば抱き締めたい様な激しい感動が脳裡にひらめく。

宗教的な本を読んで居られる由結構な事である。解らんでもいゝですよ。解らん方がいゝと云ってもいゝ。読まうとする心だけでいゝ。現代の女性はもっと本を読まなけりゃいかんと思ふ。婦人公論（七月号）にもその事を論じられて居った様だ。複雑な世相を処理して行くにはどうしても女性の教養を高めなければいけないと僕も感ずる。僕は無宗教だが神仏は信じて居る。朝夕皇居遥拝と故郷と神仏に無心の崇拝して居る。

今の僕は体重は56、000キロである。62、000から52、000になって盛返して来たのです。急に腹減って来たから又明日書くことにします。病気のせいで永いとあきます。金山寺味噌が食ひたい。それから水（ママ）とアイスクリーム。

注 歩兵第37聯（連）隊は、第4師団所属の連隊で、兵営は、現在の国立病院機構大阪医療センター（大阪市中央区法円坂）の敷地にあった。

45　大阪市港区抱月町一ノ三七　瀧本兼子様　8・25
満州国東安省密山県東安　東安第一陸軍病院内科　清水二三男　14・9・1

病める者は倦怠が多く又大きい。

自ら強くなろうとする者、自ら弱しとする者あり、これすべて精神の問題である。

病は気から、これをもって銘ずべしから自問自答を行ってゐる。中々尽きそうにない。そこでこのペンを取った次第。

敵前上陸、あの大上海の戦火に空をこがして居るのを明りを頼りに上海の街を見つめながら敵前へ〳〵と進んだあの日を思い出す二十三日も早過ぎ去った。二年前の想い出である。昔々の想い出の様に頭の中を去来して行く。アスター（エゾ菊）の一鉢が机の上に静かに置いてある。濃い緑の葉の上に淡桃色の花がのせられた様に開いて居る。嵐を知らないそれは軟かい感じである。

緑磁の鉢と一つのいゝ対照をなして居る。処女もかくありたいものだ。

処女の美しさはその心と身体の神秘それだけでは虫を待つ花に過ぎない様である。心美くしく、肉体又とゝのひ、それに相対する美くしさと云ふものが必然的な物の如く僕は欲する。それは対照の美である。

又僕の好きな秋が来た。

秋が好きだが何か一つ病気をするから秋が来ると何んだか恐ろしい気もする。

野分きがさら〳〵と黄金の波をゆるがせつ、さっと去って行く。その風が吹く毎に胸にして居た雑念が洗去る様でとっても気持ちがよい。

園芸家と云ふものはたしかに好いと自分でも思っている。そして好い品物さへ作れば儲かる。そんな事考へるといやになる。商売気を出すと折角の自然の恵みに対するブジョクとさへ思へる。だから唯好品さへ作れば、新らしい品種種類さへ作り出せば、たしかに売れる。売れさへすればもうかるのだが。

目下の所大阪にはその好い品がないのだ。向上されつ、あることは確かだろう。

雑誌は何を読んで居るのですか。婦人倶楽部かな？　兼子殿　二三男

46
大阪市港区抱月町一ノ三七　瀧本兼子様　8・28
満州国東安省密山県東安　東安第一陸病　清水二三男　14・9・3

野菊の花咲く野辺を歩いて居る自分の姿は今にして白衣である。左袖に赤の十字のマークの付いた白衣を身にまたうた姿である。

然し以前の様な淋しい影はとれた様に思へるのである。それは顔や手・足にやうやく健康な色が現はれて来たからである。

もうあたりは秋色に包まれて虫の鳴声のありかを探ねていつ迄も〳〵黙々と歩いて夜の影が迫まって来る迄歩き続ける。その為か夜はグッスリと朝迄寝れる。飽くことをしらず眠る。

君はそれでも近頃は元気らしいね。たしか二月頃だったかな。一度風邪だと聞いたが？　僕の様に弱かったら不幸だ。たとへ病気であろうとなかろうと残念な事である。

今は二十八日である。八月の二十八日である。八月二十八日、大きな時の力はかくも僕自身否多勢の戦友達の人生と云ふ意味を具表した時である。貴女の兄上もその一人だったと思へば言葉を続けることすらも不思議なくらい胸が迫って出来ない。八月二十八日、まざ〳〵と僕の瞼にあの時の光景が浮んでくる。がしかしそれを言葉にすることは難しい。今は唯故鉦馬君の代りに君と云ふ信ずべき人が、愛すべき人が僕の身近に居て呉れるのだ。現在の僕の感情はとうてい書き尽せない。

唯君の幸福を祈るばかりだ。

君の気持、感情はあの素朴な手紙でも充分うかゞへる。語らざるが故に感ずる事が多い。又僕は一つの転換期が来た。

あるひはこうも云ひたい。いったらいかん、いや〳〵と自問自答をつゞける事が多くなっ

た。なにを考へているのだろうか。何を想って居るのだろうか。二三男　兼子殿

47　大阪市港区抱月町一ノ三七　瀧本兼子様　侍史(じし)注　9・1
満州国東安省密山県東安　東安第一陸病内科　清水二三男拝　14・9・7

シト〳〵ト秋の雨が草の葉に音立て、今日も降り続けて居ります。冷たい雨が。内地も雨が降って居る事と思ひます。

〝雨曇り病人の顔蒼く見え〟


早九月となってしまった。思はぬ永居だ。脚気が併発したんです。大した事ないんだが。

窓の下に雨にたゝかれて首をたれて居る三葉萩を見つめて居ると信貴山へ行ったあの日を思ひ出せる。

ケーブルの線にそって萩が満開してたナ。それから宝塚へ行った時いづれも君は冷淡な僕しか発見出来なかったそうナ。

この事は以前にもことはったからよかろう。

お泪(なみだ)を或る朝泛べられたそうナ。許せ。それを聞いた僕こそ余程だ。

もう一度高知へ来てもらふ日がありとせば恐らく来年四月頃だろう。

そちらからの手紙の点検はないが、こちらからのは点検があるので恋文も書けんわい。

雨は一層降り出して来た。

入院してからあまり手紙書かんので（入院して居ることが知れるのを恐れて）、ちっとも手紙がこんので淋しい。

たしかにこうした環境にあると手紙は何か一つの感動を生むことになる。精神的にたしかに力を得ると思ひます。そうすると僕の様な筆不精は不幸な人間だ。自らその慰めを得ようとしない様である。ほしいのであるが自分が便りしないのであるから道のはずれた観念的な考へである。交際の広いのとせまいのとは一長一短であるから一層手まのかからん交際すなはちせまい方にしとるデス。非飛躍的かもしれんがね。水と油みたいなもんや。付き合はせはきらひや。際合(ママ)は出来んわ。はい御退屈様。二三男　兼子様

注 侍史は貴人の傍に仕える書き役のことで、転じて、手紙のあて名の脇にそえて敬意を表す。直接本人に読んでもらうことを遠慮して、おそばの書き役にとの意。

48　大阪市港区抱月町一ノ三七　瀧本かね子様　9・6

満州国東安省密山県東安　東安第一陸病内科　清水二三男　14・9・11

萩の花も散ってしまった。乱れ飛ぶとんぼの群もいつしか姿を消してしまって、跡にわびしく残されたもの丶姿そのまゝに小さな朝顔の花が褪(あ)せた色を残して居る。この花も秋の名残りらしい。

それに代って黄変した草原には野菊が有終の美を見せて居る。

皆様御健勝の事と思ひます、と書いて居る時手紙受取りました。

マラリヤの薬はエンキ（塩規）の事だろうと思ひます。これを服薬して僕は胃腸をこはしたのだから化学薬品はこんな副作用がこはい。マラリヤは大した事がないんだ。そうではないかと云ふだけの事であった。自分ではそうでないと思って居る。

食ったら寝（くだらネエ）の生活書いた所で大した事もない。

永くはやめときます。清水二三男

49　大阪市港区抱月町一ノ一三　瀧本兼子様　9・11
満州国東安省密山県東安　東安第一陸軍病院内科　清水二三男拝　14・9・17

秋に入って雨が盛んに降り出した。

乾き上って白い土煙を上げて居た沃土も雨を吸ひ込んで黒々しくなった。馬車（マチョー）が大きく揺れながら黒土に深い大きな跡を印しつゝ二頭の馬に引かれて行く。禦夫は「イーイー」「チャチャ」と変なアクセントでこれを追って行く。山と積れた収穫を見るとなんだか昔日の苦労を返り見て今日の歓喜を、圧へ難い色を面にみなぎらせて居る。平和な姿と思ひます。なんと平和な姿でしょう。

自分は残念ながら病舎の窓からお便りする身です。

活動の絶好期に空しく日を過すなんて実際切ない事、情ない事はないですよ。其上病気が病気ですからね。味覚のシーズンとも云はれる時節に何を食っても美味い時に。ぐちになるからやめときます。

梅原は元気でやって居ります。浪華娘を思ひ出しとるとか、懐しいとか。

とても忙しいそうです。

僕の日常に引くらべれば雲泥の差です。

毎日将棋をやって居りますがちっとも強くならん。始めの内は下手とも云へるが今ぢゃ頭の問題だろうて。

同胞の皆様によろしく。

とげあると知りつゝ手折る薊（あざみ）かな　　清水二三男　兼子殿

追伸　いつも済みませんがもし入手出来ますれば「週報」内閣情報部発行注を御送付下さいませんか。右お願ひ申します。（薊のスケッチあり）

注　週報は、1936年10月に創刊された政府の宣伝広報と国民啓発のための週刊誌。編集は、内閣情報部（1937年9月発足、1940年10月から情報局）が行い、敗戦の年の8月29日発行の452号が最終号となった。創刊当初は十数万部の発行だったが、1943年には約150万部に至った。

50

大阪市港区抱月町一ノ三七　瀧本兼子様　9・16

満州国東安省密山県東安　東安第一陸軍病院内科　清水二三男　14・9・21

深霜が日毎大陸の草木を色付けたり枯らしてしまふ。めっきり冷たくなったので散歩にも出れなくなってしまった。

昨夕誘はれるまゝに出て見るとすっかり草は生気を失なって居る。笹に似た草が一かたまり

瀧本二三男さんの手紙とはがき

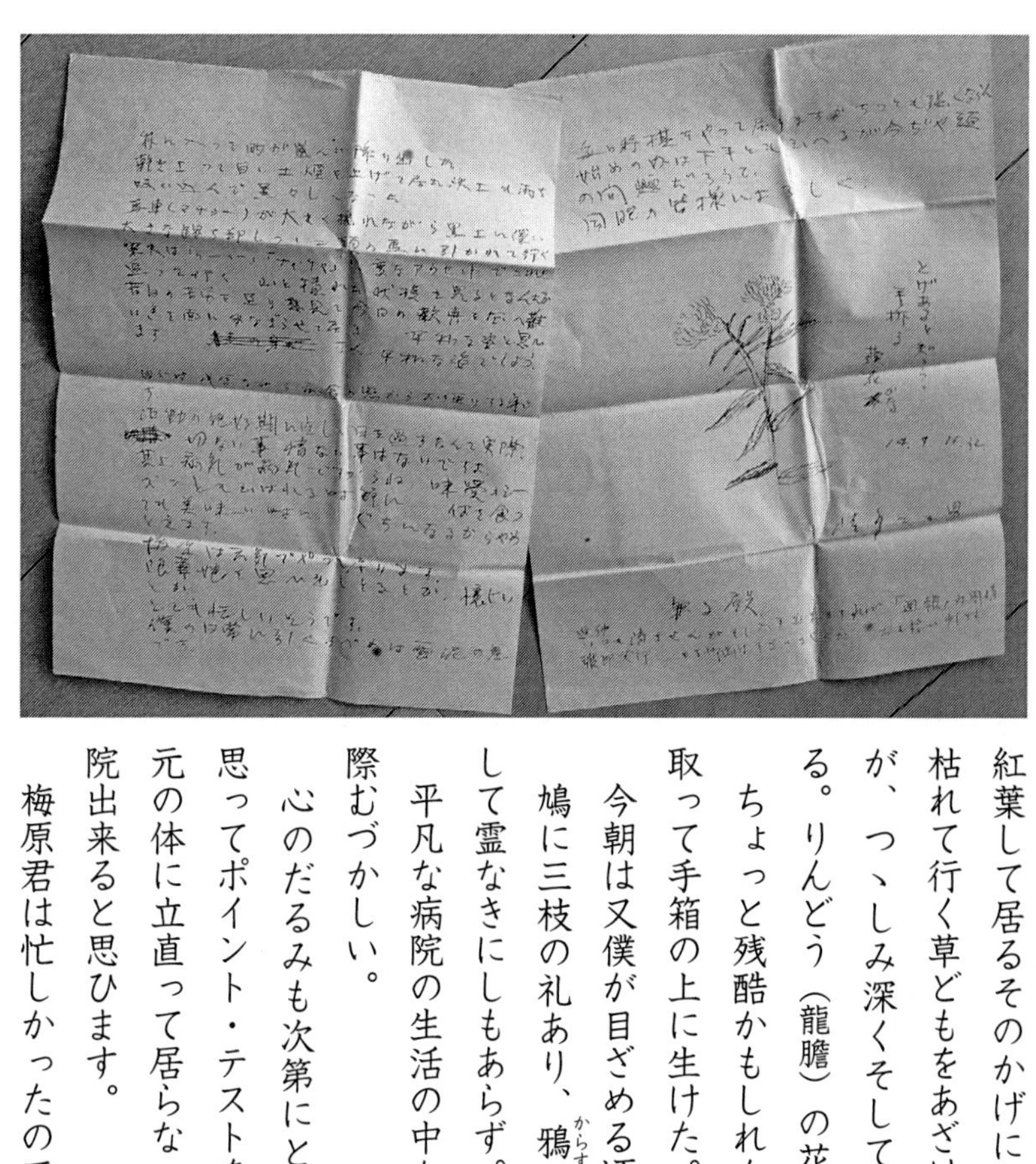

紅葉して居るそのかげに強く僕の目を引いた物がある。枯れて行く草どもをあざけり笑ふ様な色はして居らないが、つゝしみ深くそして強い姿で薄紫の花を開いて居る。りんどう（龍膽）の花である。

ちょっと残酷かもしれんがそれを手折り、辺りの草も取って手箱の上に生けた。

今朝は又僕が目ざめる頃開いた。

鳩に三枝の礼あり、鴉(からす)に反哺(はんぽ)の孝あり注とか、草花にして霊なきにしもあらず。

平凡な病院の生活の中から一通の便りにすることは実際むづかしい。

心のだるみも次第にとれた。三日前に退院しようと思ってポイント・テストをやってもらった。まだ充分に元の体に立直って居らないそうです。多分今月中には退院出来ると思ひます。

梅原君は忙しかったのでとう〳〵僕の入院中逢ふこと

がなかった。

其上近いと云って遠いからね。

其上病院と隊とは精神的には地理的のそれより以上に遠い所だ。

元気な便りは度々よこしてくれた。

此の附近も知らぬ間に沢山な建物が立って居る。実際驚かずには居れない。果然（かぜん）（編者注―予想にたがわず）の発展である。

今日は久し振りに青空が高々と見える。廊下の足音の冷たくなった事を感じつゝ、煙草に火をつけて遠い夢を見る様にゆら〳〵と立つ紫煙をみつめながら筆を擱（お）く。

同胞の皆様によろしく。北満にて。　二三男（りんどうのスケッチあり）

注 反哺は、食物を口移しにして食べさせること、転じて親に恩を返すこと。全体の意味は、子鳩は親鳩よりも三枝下に止まる礼儀を知っており、烏は、ひなの時、親に養われた恩に報いるために、成鳥になると親烏の口に餌を含ませるということで、鳥さえ礼を知り、孝を行うのであるから、まして人間はそれらの徳をよくふみ行うべきだとされる。

51　大阪市港区抱月町一ノ三七　瀧本兼子様　9・22
満州国東安省密山県東安　東安第一陸軍病院内科　清水二三男拜　14・9・28

慰問袋多々的謝々。

乳糖を溶した様な霧が、そして雨が感傷の秋をそゞろ身に滲みるが如く流れて居る。

〝一度こよう〳〵と思ってよう来なんだ〟いきなりそんな事を云ひながら、ドアを閉めて入って来た。黒い愛嬌ある顔で然も誰にでも親しめる面の持主である梅原が僕の枕辺に立った。いつも感じる様な理智的なかげはどこにもない温たかみのある微笑が僕の目にまぶしい程の感興があった。

〝どないしとんねんな、退屈やろ。〟と云ってベッドの上に慰問袋を置いた。

一時頃来て四時半頃迄遊んで帰った。いつも静かな僕の生活、そして病室が久振りに賑やかになった。

総ゆる嬉しさがうっぷんの為圧へられて居たのが一時に爆発したのだった。梅原君共々仲よく頒ちました。

小遣なんかもらはなくてもいゝんです。給料だけで余ってあるです。

別段使へと云って送ったんぢゃないと云はれゝばそれ迄の事だが持って居たって何んにもな

らん。かへってしかられるくらいだから君がもらっといて呉れた方がえゝんだ。慰問袋もほんとの所云ふとあまりほしいとは思はんのです。入院中は心苦しい。本を心配して居て呉れるそうですが大ていの雑誌はあります。又あまり読みたいとは思ひません。新聞だけで充分です。それから週報だけ送って下さいネ。

今〝上海ブルース〟をようやくおぼえた。●心をわき立たせる様な歌だ。〝泪ぐんデル上海……〟

門明准尉殿は河田部隊尾崎隊門明香です。

僕の母は病弱ですが子供のお守ぐらいは出来ますが、二親揃って居ると云ふことはたしかに有難いことです。異郷にあると一層切実に感じます。

あんたにいってもらってもいゝが、かへって忙しくなるくらいが落チ。

梅原がよろしくと。二三男より

52

大阪市港区抱月町一ノ三七　瀧本兼子様　9・29

満州国東安省密山県東安　東安第一陸病内科　清水二三男拝　14・10・5

お便りお返し申上候。

中秋の名月を異郷の大陸に観て国の秋をそゞろ偲び申候。御想像の如く憂鬱な事で御座候へども御賢所注の如く候はず、毎日の新聞或週報にお便は霜の下の草に太陽の如き温情を相感じ申居候間、日に次ぎ元気が増加倍進して参りましたる段感謝言辞こゝに敢て申述ぶるを知りません。御父母様には御多忙の由定めしと御労苦は拝察出来ますが、その一面には御壮健を慶び申上て居ります。

秋の海に糸を垂れて一日御清遊なされる、又忙中閑有りで結構なる思付であります。魚は釣れるより釣れぬ方が又格別の面白さも自から有るものです。釣れるに越した事はありませんが、それは素人には願ふべくもありません。魚に釣られる又楽しき哉。されど日本人の趣味として又日本人の精神的にピッタリとするのはなんと云っても秋にして山、そして菊と紅葉で桜程の華やかさはなけれど優雅高尚である。

友を誘ひての行楽は又格別。

秋来れば山は色付き老鶯に菊の香満つる高安の里

ぽか〳〵と温い陽射の芝生の上でぼんやりと物想ふのは春より秋が好い。人恋しき、なつかしき秋であればこそである。

酒呑みと結婚する人は不幸だ余程の人間でない限り辛抱出来ない。そして癖が直らない。然し酒呑は大抵よく働く。どっちにしても不幸だ。貴女は友人として練習すべきではないがそれ

は大いに同情してやるべきだ。そして大いに信念を造ってやるべきだ。酒呑には絶対叛らって
は駄目だ。と云って同意していけない。本人の自覚を促進さすだけの心の用意が必要である。
心の準備が必要であると思ふ。
とんだオセッカイを書いてしまった。
松茸もう出る頃だね。
メンスO・Kかね。大丈夫だろう。
古への和歌にもある通り秋は悲しきだ。まだ日本髪は結へんぢゃろ。好いな日本髪は。然し
あまり健康的ではないね。
風呂は家にあるのかね。外へ行くの。風呂は一人で入るのがえゝね。どうも沢山山芋を洗ふ
みたいに入ると面白いが風呂の何んとも云へんエ、味がない。軍隊の風呂なんていよ〱面白
い。泳いだり、水の縣合ひ、湯の浴びせ合ひ、又沈め合ひ、全く荒い。
梅原は軍曹殿だ。毎日張切って教育しとるデス。
今日はちょいと寒い。二三男拝　兼子殿

注 宮中で神鏡を祀ってある所。転じて恐れ多くもったいない所の意。

53　大阪市港区抱月町一ノ三七　瀧本兼子様　10・6
満州国東安省密山県東安　東安第一陸病内科　清水二三男　14・10・12

今朝は窓を明けて見ると冷たい雨が音もなく降って居る。今年の名残の雨かも知れぬ。

お便り有難う。

来週こそは多分退院出来る筈だ。

そちらは皆様お変りなくて何よりです。

自分の兄三男も今信太山（しのだやま）注①の野営演習に行って居るそうでどうやら元気だそうです。近く征途につくらしくもあります。

勝山（かつやま）通り注②は僕にも想ひ出があります。そうだ僕も12才頃からよく行った所だ。お勝山の附近に今の様に家が建ち混んで居ない頃だ。よくあの山の頂にのぼって日本生命の人達の野球を見たり、姉さんの義弟（今上海から海南島を転戦して居る一等水兵）とよくケンクワ（ママ）をしたりしたものだ。

それで居ながら僕は天王寺へはお参りした事がない。鳥居だけは市電やバスの中から見たくらいのもの。

だからインチキ店も知らない。

泥臭いクリーク（運河）は特に記憶が深い。姉さんとこが材木屋であったからでもある。明月で油揚やのおバチャン忙しかったやろう。オバチャンとこの油揚部厚ウテ揚切[ママ]ってないよって仲々ウマイワ。

高知でのあの時は僕も何んだかそんな気がする。しかし何をする間も話す間もなかったから仕方がない。

ホ……はやめにしてもらひたい。何だか気持が悪い。気味の悪い印象を受ける。

週報はそちらで読まれてから送ってもらってい丶んです。

近頃満州も住み好い所だと思ひ始めた。時たまイキ抜きにこんな所で住んで見るのも好いかもしれぬ。

点呼だからやめた。清水二三男

注① 現和泉市と一部堺市に位置する丘陵で、1872年に陸軍の演習場となった。大阪城内に司令部を置く第4師団の部隊が使用した。1919年に、野砲第4連隊が近くの黒鳥山に移駐したことによって、信太山一帯は一大軍事拠点となり、演習場は満州事変以降次々と拡張された。現在は陸上自衛隊の演習場で、敷地は約220万平方メートルに及ぶ。

注② 勝山通りは、大阪市生野区の東西を走り、西は天王寺区に至る道路である。もともとは1890年に当地に移ってきた大阪府農学校から四天王寺東門まで通じていて、「農学校通り」と呼ばれていたが、農学校が移転するにともない勝山通りとなった。勝山のいわれは、5世紀に豪族が築造したと推測される前方後円墳があり（その前方部分を壊して農学校の敷地にあてられた）、大坂夏の陣の際、徳川秀忠がその古墳に在陣して勝鬨（かちどき）をあげたので、いつしかお勝山と称されるようになった。瀧本さんが少年の頃は自由に上れたが、現在残っている後円部には柵がされて入れない。

54

大阪市港区抱月町一ノ三七　瀧本兼子様　10・13
満州国東安省密山県東安　東安第一陸病内科　清水二三男　14・10・19

今年は内地は冬が早く来た様ですね。

興安注①嵐がそろ〳〵我々の全身の官能をしびれさす様になって来ました。

秋よりも冬が淋しい。

さもあろう。然し秋は淋しい。そして冬は厳しい切なさを感ぜしめる。

木枯吹く宵はなほさらそうである。

窓辺には秋桜（コスモス）が侘しい姿の中にも美くしく咲いて居る。

昨夜同じ隊の初年兵で戦友であったのが訪れて僕を批評するに『上ト兵殿の奥さんは余程気が太をないといかんは。気が小さいと明ても暮れてもビク〳〵しとらんやならん。黙って居ても妙にコハイ』と云ひよった。この戦友は三社神社の直ぐ近くに居ったそうだ。ジェネラル・

モータースに勤務しとった様だ。親せきも近くにある様だ。あの風水害の時の情況をよく僕に話すが仲々に面白かったそうだ。人は苦しんどったが俺は人助けをやりながら女達の変な姿を沢山見たりしたと云ふて話すがちょっと悪趣味だ。漁師上りだから泳ぎはお得意、よくそちらの事情に通じとる。

僕の病院生活もエライ。マン〳〵的注②になってしもうたもんや。

丁度昨年の今日奉天に到着したのだった。もうすっかり満洲の人になり切った様に別段日々異様な感じもなくなってしまった。エトランヂーの感じが遠くなってしまった。そして君にもすっかり近づいてしまった。いつかも書いた様にほんとに君が二十三になってしまふナ。仕方がない。これも大東亜の建設の為だ。帰ったら又一年自分の建設をしなけりゃならん。公私共に大いなる苦難が待って居る。大いに援助と慰安を君に待つ。

日本の婦人は家庭内に於ける召使ひであり、機械的な人間であるかの意見が時々婦人公論等で見かけるが、君はそう云った想像があるだろうか。大いに僕も考へさせらる。又意見もある。

僕の故郷はどうやらこうやら車が廻って居る様です。

今日はエヽこと書けなんだ。

お姉さんによろしく。

二伸　僕の母はあまり丈夫でもない。きっと僕には知らせないが病気を出して居ることだろう。

どうか僕に代って慰さめてやって下さい。

家へ行っても忙しくしてもらふのが気の毒何んて考へず、もしおひまがあれば行って下さい。忙しくするのが又嬉しいからであるとも考へられるから。僕はこんな男で表面で母をよう慰さめんから、これだけお願ひして置きます。

注① 興安領は、中国東北部にある高原ないし丘陵性の山系。大興安領の標高は１１００～１４００ｍである。

注② まんまんでー、ゆっくり待ってという意。

55

大阪市港区抱月町一ノ三七　瀧本兼子様

満州国東安省密山県東安第一陸病内科　清水二三男拜　14・10・31

四日程前に雪が二日続で降ったので辺りの景色はすっかり変ってしまった。お便りもらった。

こちらこそ永らくの御無沙汰でした。

こんなに永引いてしまへば手紙が増々書き難くなって来る。注射は毎日〳〵やって居るがどうもまだ足がだるくていかん。七分搗米に麦三分の飯を喰って居ながら脚気注になるなんて百姓の子は困ったもんや。

大体栄養食なんてその土地条件も考へずに云ったたって駄目なも程がある。但し軍隊はいろんな体質の人間があるからそのごく一部の人間の為に条件も栄養もくそもあったもんやない。

今朝梅原軍曹殿が来て呉れた。此度某地の戦車隊へ分遣されて行くんだと云って居た。今月の二十九日に行ってしまひやがる。これで当分淋しいこっちゃ。馬鹿は馬鹿づれで又その内ウマの合ふ奴も出来ようゾ。彼の為大いに慶んでやらねばならない。彼とても暫しの別れだ。互に一緒に居てどうのこうのと話す訳ではないが、頼みの力があった。思へば不思議な間柄だ。

お母さん御病気だったそうだがやはり僕と同じ胃腸病か。ほんとにもう好くなられたんですか。梅原に奥さん世話すると云って居られたそうだね。止される様に僕からもお願ひする。御好意は彼もうれしがって居るらしい。所詮今の所彼はそんな事を考へて居れないのだ。僕はその理由をよく識って居る。この事は一度書いた積りだが未だかな。それよりも大いに励まし慰めてやって下さい。

いよ〳〵防空演習の綜合的訓練が初まったらしいが、モンペ姿で団体的な活躍を元気でやって居るのを想像しても嬉しい。決して型式ではいけない。団体的精神を鞏固にして併せて心身を鍛錬するが主眼だと思ふ。そして事に当って沈着な市民を訓練するのだろう。大いにやって下さい。

えらい孫だとか子供とか書くがそんなに好きやのかいな。そんなんなら拵へといたらよかったな。そんなうまいことといかんかナ。まあそう急がんでも、エ、。
二、三年前迄の二男一女の理想から〝生めよ殖せよ〟なんて多産奨励、この一事からして世の中反対になった。然し現実の問題として難かしいこと。さて世の中はママならぬ、早く桜の咲く頃が来んかいな。
姉上様のとこへも一度便りしょう〳〵と思って居りますが、こんな姿じゃね。もう少し失礼させてもらふことにします。

兄貴も元気で毎日オイチニをやりおるそうです。さぞかしコハイヤラシイ（可愛らしい）兵隊さんやろ。

今度の夕刊の小説読んでるがこれは何時迄続くやらもう今にも駄目らしい。初めから人を斬ったりするのは禄な物がない。主人公に美男美女でない小説がないのと一緒だ。

あっちの煙突からもこっちの煙突からも煙が出る様になって急に大陸が煙り出した様な気がする。では御身大切火の用心。又の便りを待つ。二三チャン　兼子殿
今度の封筒仲々頂好やった。こんな好みがエ、。チョッピリ赤と青があるとこ辺り奥ゆかしい、ぢゃない、つ、ましい。

注 ビタミンB_1の欠乏による栄養失調症。米を主食とすることにともなう疾患で、その対策として麦食が奨励された。

56

大阪市港区抱月町一ノ三七　瀧本兼子様　11・1

満州国東安省密山県東安　東安第一陸病　清水二三男　14・11・8

雲は天才なりと情熱の詩人啄木が云った。あたかも銀鱗の如く太陽の光を反射して鯨の様な型をした雲が山向ふに流れて行く。高原独特のゆるやかなスロープの中間に雉が飛立ったり降りたりして居る。

大自然を感得することは人生の最大の幸福なりと云ふ言葉がある。そうかも知れぬ。

御一同様の御健全なるをいつも慶んで居る。僕は未だ薬の力をかりて居る。一日陽当りの好いベットの上で唄ったりわめいたり朗らかに過して居る。

先日池知中尉殿が見舞に来て下さった。その折、故鉦馬君の最后の場所に誰か居らなんだかと母上様が問合されて居る由に云はれて居りましたが、たしか一度僕からお伝へしたと記憶して居りますが。それから中尉殿は僕と君の間の事情を御存じない様だが、そうだろうか。

此頃とてもそちらは忙しそうだね。

僕の故郷の方は今菊の出荷で一番忙しい時です。気晴しに菊見を兼ねて遊びに行ったらどうだい。家の中迄菊の香が満ち満ちて居るよ。園芸も自分でやるとなると大変な資本が必要だからなア。それにとても人手が繋(かか)るしね。それに僕はもう少しどこか研究出来る所へでも入って公園でも構はんが勉強したいと思ふ。

君と二人で居る機会が少なくなるが又いゝもんだぜ。どうしても園芸は自然相手だから経験を積んで置かなければ失敗が多いからね。ところが又そんな公園の様な研究の出来る所へは入れないからね。営利本位の所へは直ぐ入れるがね。駄目だ。難しいもんや。(草花などのスケッチあり)

57

大阪市港区抱月町一ノ三七　瀧本兼子様　11・4
満州国東安省密山県東安　東安第一陸軍病院内科　清水二三男拝　14・11・10

今朝からの霧が大地表を匐(は)ふ様に流れて居て五十米先の視界をうばはれて居る。

内地にもやうやく冬の尖兵が訪れたそうですね。

毎日色々の本を読んで見るがどれとして一時間と続けられない。したがって短編的な物が目に付き易くなった様だ。それも一つ〳〵の意味を記憶することは仲々骨が折れる。とうてい出来ない事だ。

婦人公論の十月号をやうやく読み終った。随筆が主になって居て居るから読み易かったせいであろう。茲に深田氏の〝かの女の手帳〟の一文を抜筆して見ます。決して君に皮肉でないことをことはって置かなければならない。以下……婦人雑誌に美談らしく載るのは、何とケチ臭い話ばかりだろう。十年間一度も罪人を出さなかった村長の話、千五百円で洋室の応接間もある家を建てた話、五人の子供を全部優等で中学校へ入れた話、――嫌だ〳〵。古い倉庫を買ってそのまゝだと安いから月夜に夫婦で壊してその煉瓦を売ったといふ話を読んだが、美しいお日様に済まないやうだ。どうしてもっと胸のすく様な話が載らないのだろう。（これでこの氏の言はんとする所が解るだろうが、性格、境遇の違った世の主婦にどれだけの示教をなさろうとするのか、総てこの話の主人公のみだけが出来得ることだと云っても過言でないと思ふ。）さらに……一般普通の女の人は低級な婦人雑誌をも教科書のやうに思って居るから尚いけない。あんな馬鹿げたものが三つ目小僧よりもお化けでないとは不思議な位だ。現存の日本の庶民階級では先づ日々の雑誌が教科書の代りみたいなものになって居るのだから、編輯者よ、もっと自重せよ。読者はもっと批判の力を持て。そうすれば両方から吊り上って日本の教養程度はもっと高くなる。

添乳するお母さんが片手にその日の婦人雑誌を持って、勤勉に読んで居るのを見るとハッとする。最初の頁が色刷りの下品な漫画入りで「夫を操縦する法十ヶ條」。かういふのを出す心掛けだからなってない。「操縦する法」をあげる手間で「良き妻となる法」を勧めならどうだ。あんなもので操縦される位の亭主だと自認するなら、主婦諸姉、あなた方は自分で自分を貶（おと）しめてゐるやうなものだ。あんなものしか読まないから批判力もあの程度だ。「良い本を読め、お母さん」と云ふポスターを文部省はなぜ町に貼らないのか……とこう云ふのだ。同じ文同じ絵でもその読む人見る人によって解釈が違ふ。同じ苦しみや歓びに逢った時それ〲解釈が違って居るのと同じだ。その解釈自ら自分の血肉に化して行くのだと、や丶分った様な近頃気がして来た。

　ずっと以前の手紙に書いた事に付いて、プロポーズを受けたが前后の関係が既に忘れた様だ。とに角一つの思想として君の理智に探ねたのであった。君に適当な解釈もあっただろうと思ふ。こうした批判はとっても嬉しい。どし〲突込んでもらひたい。決して召使（ママ）や機械の様に働くと云ふ外国人の観方はその生活風習、制度と家屋の構造並思想が違って居るから。或程度迄の節度をもって召使や機械の如き働きに依って日本の主婦自身が幸福を獲得し、又家庭に於てをやその明朗を保持されて居るのじゃないのか知らと思ふ。元来日本人は犠牲をもってその大なる程大なる幸福として居る。依って僕は君自身に働かねばならんとか働くばかりでい丶と云ふのではない。違った生活者がそうした歪曲をなして居るに対しての僕の思想と感想を述べて見たのである。そして茲に又一つ君に犠牲になって呉れとは決して心の一端にもそんな事を願って居らない事をことはって置く。瀧本家の良き血脈を最上の条件に於て伝へなければならぬ君に対し、それに重大なる責任を課せられたる自身として望むは君の健康のみであることを痛感する。俺を幸福にして呉れて居る君に対し、どれだけの感激と感謝をして居るか、言葉にして云へない不自由さを腹立たしく思ふ。

霧は時経つにつれ午后にいたるにしたがひ濃くなって来た。二三男

(欄外に)諮詢的な手紙を待って居る。どし〴〵もらひたい。そして意見もほしい。これからの生活に或程度理知性が必要だと思ふ。絶無ではない筈。お互に知識を高めて行かねば立派な方針も出来ないと思ふ。

(一枚目の便箋の裏に)いよ〳〵白い米が食べられなくなったね。七分搗ぐらいだったらそう違った事がないが麦飯から見るとまだ〳〵ましだ。天元の兄さんも応召された由、建設の為には若き者の私生活の微々たる事柄に云々はない世の中だ。ともあれおめでたい。これ等のよき実教材を前にして僕達も成るべく業務に忠実にして二段工作を考へなければいけない。君に出来るものは僕も、僕の出来るものは君にと云ふ風に互に吊り合って行かなければならないと思ふ。大いに日頃抱負を忌憚なく述べてもらひたい。呉れ〳〵も。

58

大阪市港区抱月町一ノ三七　瀧本兼子様

満州国東安省密山県東安河田部隊細木隊　清水二三男　14・11・20

外は雪　俺は退院　元気で新らしい出発

59

大阪市港区抱月町一ノ三七　瀧本兼子様　11・27

満州国東安省密山県東安河田部隊細木隊　清水二三男　14・12・2

永らく失礼しました。

万目簫々（しゅくしゅく）（編者注―静かにひっそりしたさま）として雪白く、なんて文句を頭に泛べる景色である。

内地も日一日と寒くなって居る事でしょう。其后母上様の御容体はいかゞですか。御全快の程を祈って居ります。

僕は帰隊以来いよ〳〵元気でやってます。久し振りでペンを持つと何を書いてい丶のか、一向に解らなくて不自由を感じます。

梅原君は元気でやって居るそうです。そちらへも多分便りあった事と思はれます。黒い人気者が居らなくなってちょっと物足りなさを感じる事があります。その内近くの所へ帰って来るだろうと思ひます。

今日退院の戦友を病院へ迎へに行って入院中に植えて置いた大根を見ると、粗末な蜜柑の空缶の中に綿の様に根を出して紅の坊主頭から一尺にもなる葉をすく〳〵と十枚程ものばして居た。緑のない大陸に寒ささへ除いてやらばかくもすくと嬉々として伸びて行く姿を見て、久し振りに進歩する物のすがたをうれしく感じた。もっと伸びて花をつけて呉れと頼みながら別れて来た。多くの人々をよろこばして居て呉れるのだ。人間の心と自然とがぴったりと絶対の心理を持って融合して居る真実なる情景である。（大根のスケッチあり）　清水二三男

60

大阪市港区抱月町一ノ三七　瀧本兼子様　12・3
満州国東安省密山県東安河田部隊吉本隊　清水二三男　14・12・9

サク〳〵と気持のよい音を足の底に感じながら積雪を踏んで歩く時はつく〴〵と健康によみがえった嬉しさを滲々（しみじみ）と感じ、又感謝に似た気持にひたることが出来ます。手紙がいよ〳〵いよ書けなくなって来たので済まなく思って居る。

御一同様にはいよ〳〵御壮健なる御事と幸慶の至りに思って居ります。

唯こ、二、三日新聞がお母様が代送なのであるひはと思って居るがどうか、僕の想像通りでない様にありたいものだ。

尚これからは少々忙しくなるので手紙を書けないかもしれませんが決して心配は要しません。

先日僕の郷里に行って下さったそうだがなんのもてなしも出来なかったと兄から便りが来ました。よくそこは女性独特（悪意ではない）の心理と観察力によって感じられた家庭の情況だからやむを得んと許してやって下さい。

日没と共にガラスが美くしい。毛氈(もうせん)画注を構成して来た自然はそのたくましい創造力をもって美を構成する。然も何物も抗し得ざる絶対の論理である迫力がある。自然学者でなくともこれは誰しも体験する一事である。驚嘆する力である。神秘なる言葉は当然である。

又精神病が出たらしい。やめとく。

兄貴の出征は延期になったそうな。

天元の兄さんは元気で御活躍の由、ついでの時にどうかよろしく御伝言の程をお願ひします。二三男さんより　（歯ブラシ・下駄・靴下などの絵あり）

注 カーペット用毛織物の一種。羊毛などの獣毛を原料とし、湿気と熱、圧力、摩擦を加え、繊維をからませてつくる。

61　大阪市港区抱月町一ノ三七　瀧本兼子様　12・14
満州国東安省虎林県虎林河田部隊吉本隊　清水二三男　14・12・21

暫く御無沙汰しました。

年末の事とていよ〳〵お忙しい事と拝察致して居ります。

一天雲なく、陽光さん〳〵雪いよ〳〵白し、沈黙の大平原に鳥低く飛ぶ、これが近頃の風景です。

皆様其後御健全でありませうか。自分は元気で朗らかです。

外は零下三十度ぐらいになって来ました。仲々寒いです。洗濯するのにちょっと大層で気が向きにくゝなります。

天王寺の兄は南の方へ征った様です。

天元の兄さんはお元気でしょうか。姉さんのとこへもお便りしたいがちっとも書けまへん。

折があったらよろしくたのみます。今年中には書く積りです。

今日書く筈でしたが何にやら気が向きまへん。忙しい内は割合元気があるから病気には成り

ませんが、どうか無理をせん様にやって下さい。又後便にて。挙手。清水二三男

62　大阪市港区抱月町一ノ三七　瀧本兼子様　12・25
満州国東安省虎林県虎林河田部隊吉本隊　清水二三男　15・1・2

愈よ〳〵年瀬になって来ました。

街にも木枯しが吹く季節ですが御一同様にはお変りありませんか。いつもながらの倥偬（こうそう）（編者注―忙しいこと）、手紙を書く機会少なく済まなく思って居ります。

赫い夕陽が銀嶺を斜めから照らす頃、鳥の群が塒に帰って行く大陸風景を今が今迄ながめて元気で兵舎へ帰って来ました。細々と寒空に伸びて居る木立を眺めて、丁度学生時代に阪神前から大朝、大毎社の辺りから四ツ橋付近迄の並木の剪定を実習に行ったもんです。丁度今頃から二月頃に掛けての事でした。七年前の想い出になってしまった。もうぢき八年前だが、早いもんデス。

石田君から昨日手紙が来た。あてられたとひやかして来よった。二月頃外泊をもらって彼は帰るらしい。当にはならんが。

梅原軍曹殿は東安と云ふ所へ都落ちした。新らしき出発に張切って居るそうな。何分馴れた

土地だから幸せだ。これで彼と面接する機会は薄らいだ。詳しい宛名が今の所解らない。天王寺の兄貴は青野ヶ原で待機して居るそうです。或はもう出発したかも知れません。昭和十四年度の便りはこれで打切ります。新年ことに皇暦二千六百年注の慶き年を芽出度迎へられんことを祈りつゝ。挙手。清水二三男

注「皇紀（紀元）二千六百年」ともいう。1940年が初代神武天皇の即位以来2600年目にあたるという架空の説をもとに、近衛内閣のもと、11月10日に宮城前広場で「奉祝式典」が挙行されたのをはじめ、全国各地でちょうちん行列などの大々的な奉祝行事が行われた。また、われもわれもと記念碑や「国旗掲揚塔」などの記念物が地域で建てられた。行事のあとは、「祝いは終わった。さあ働こう」と、国民をさらに戦争にかりたてていったのである。

63

大阪市港区抱月町一ノ三七　瀧本兼子様　1・2
満州国東安省虎林県虎林河田部隊吉本隊　清水二三男　15・1・10

謹みて皇紀二千六百年の新年を慶賀奉ります。併せて御健全をお祝します。

●●白雪の地平線に旭日を拝しておらが春

辰の年を心の裡で祝しつゝ、朗らかに元旦を迎へました。

銃後は物資の統制の影響を受けて「酒なし、餅なし正月」とか新聞で見ましたが、ともあれ驕（おごり）のない、真実の意義ある正月であることと察せられます。一日の午后池知中尉殿にあって君の事を打明けると大分ひやかされて、其上強（し）たゝか呑まされた。祝ってもらった。梅原君は満州国東安省密山県東安田中（和）部隊松田隊宛で便りが行くそうですから、又機会があれば便りしてやって下さい。先生生来朗らかだからいゝ正月を楽しんで居ることだろう。沢山ものめない酒を呑んでお得意の恋愛論でも弁じとることだろうて。

ある戦友に今年度の運勢を占なってもらふに九月頃から運気が巡って来るそうな。後になる程エ、ソウナ。八月は婦人に関しての係り合ひはよろしくないと、大いに謹しむべしなりと。さあどうなるか、運は天に有れど、努力なすべしか。挙手。二三男拝

64

大阪市港区抱月町一ノ三七　瀧本かね子様　1・15

満州国東安省虎林県虎林河田部隊吉本隊　清水二三男　15・1・21

白と灰色を主体とした大らかな、然かも清浄な大陸の景色に抱かれて、静かな有意義な正月の半分も楽しく過さってしまった。

皆々様には御壮健にてお迎の由、何に譬え様もなき次第であります。よろこんで下さい。僕

の同胞もいよ〳〵健全で、然かも天王寺の三男兄には女児安産、本人は南の方へ征途につきました。家の兄よりの便りでは可愛い子供の生まれ出た事を識らずに心に懸けつゝ、征ったそうです。知らせるのは多分二月中旬にもなるそうです。未だ居る所が解らないとあります。どれだけ喜ぶやら。

僕も便りを見て世の中が一変に自分の識らない間に大きく百八十度の転換とで云はうか変化した様な気がして心の裡で同胞万歳を叫びました。両親も三人の兄姉に孫を見て満足以上の満足をして居ることと思ひます。

残るは自分一人。とにかく目出度いんです。

写真も一度撮して置きたいんだが、現在じゃちょっと侭ならぬと云ふ情況です。

先日市岡第二小学校の二年生の東部トシコと言ふ子供の、恤兵部（じゅっぺいぶ）[注]からの慰問袋をもらひました。近くではないでしょうか。

週報はもう結構ですから。とても読む隔（ママ）ありません。

時間がないので乱筆になりました。終り。二三男　兼子様

注　国民が軍や兵士に金品を贈って慰問し、力づけることを恤兵という。陸軍省内に恤兵品を扱う部が設けられていた。

65　大阪市港区抱月町一ノ三七　瀧本かね子様　1・26
満州国東安省虎林県虎林河田部隊吉本隊　清水二三男　15・2・1

足もとに雉が飛び立つ雪の朝
窓を開いたらサッと真白に氷霧が外内に交流する。大陸の冬もいよ〳〵頂上かと思はれます。

御一同様には益々御壮健の由何よりと思ひます。

耐子さんからのお便りもらった切りその返信も未だ書く機会を得ません。よろしくお伝へ願ひます。

僕も其后元気でやってます。

先の便りで拝見した様には不自由をして居りません。或は御想像の如くであるかも知れませんが、自分達がそれくらいの不自由で直接に又間接に苦しいなんて感じることは少しもありません。それよりも時々停電したり、砂糖屋、炭屋、米屋の看板のその店先でことはられたりする注①方がどれだけ苦しいだろうと想像します。たとへば満員の映画館へ無理矢理入ってあくせくして他人の後頭ばかり見てくたびれて帰る心理と同じだろう、そうじゃないか知らんと思ひます。仲々切実でしょう。そこへ来るとそんな精神的身体的の苦労更に無用とこちらは有ります。

内地は今頃寒椿の花盛りでしょう。見た事ないですか。

僕が入営前寒椿の咲く野辺に立って厳冬の苛烈に打勝った花を他のいづれの花よりも美くしいと眺め賞でたものです。チラ〱と燃える火に手を暖た丶めながら今日ふと思ひ出しました。

チラ〱と燃える火の如きひらめきをもって未だこの時の寒椿は心の裡に生きて居ります。感傷的であるかも知れませんが。不備（ふび）注②　二三男

注①　1940年2月、異常渇水と石炭不足の結果電力調整令が出され、電気の使用が制限されるようになった。同年4月には、米・味噌・醤油・マッチ・佐藤などを切符制にする方針が決められ、以後大阪市では、6月に砂糖とマッチ、11月に家庭用燃料、翌年4月に米穀と、次々と配給制度が実施されていった。
注②　手紙の末尾にそえる語で、文意が不完全であるとの意。

66

大阪市港区抱月町一ノ三七　瀧本かね子様　2・1
満州国東安省虎林県虎林河田部隊吉本隊　清水二三男　15・2・8

雪原雪山目に映る物皆枯淡な景物ばかり。正月も雪に暮れ氷に明けて何をする間もなく過ぎ去ってしまひました。

今日は二月一日、屋根の雪が二月の太陽に溶かされて廂（ひさし）に氷柱になってぶら下って居る。その氷の水晶の棚の間を雀が所在なさそうに飛び立ち飛来って居る。丁度そうした雀の姿の様なひらめきで、さっき送って来てもらった新聞で識った電力の石炭不足の為の停止問題とか、浅間丸事件[注]が今食った羊羹の味が気持よくうっとりとして居る僕の脳裡に去来して居る。

天元の義兄さんもとう〳〵出征されたとか。その使命と異なって居るが精神に於ては同じだ。その御健闘を只管（ひたすら）に祈るばかりであります。

僕の兄は南支（編者注―中国南部）の落合部隊富田部隊仏願隊に居るそうです。日中はシャツ一枚でやっとるそうです。

今一度僕も故国を後にした時の気持を思ひ泛べて天元の義兄さんの気持やら感慨をほのかに想像して見ませう。

そして自分も心機一転益々業を固めませう。

傷痕はそりゃ一度受けた傷なればなんともないと云ふ事は明白なウソだが、正直に云ふと多少は寒いとビク〳〵するがそれが活動に影響等する精神の衰弱者ではありませんから決して御心配は無用にして下さい。無精ヒゲを凍らせて元気にやってますよ。

現在では痛さを凌（しの）いで居るとか無理に耐へて居るとかではなしに、痛みに負けて居らないから時たまにしか気づかないと云った風です。

新聞を送ってもらってから早一年余、毎日欠かさず示して下さった気持を感謝して居ります。何所の何誰にでも出来ぬ事柄であります。今日よりこちらで新聞が読むことが出来る様になりました。と云ふのは隊の方から下給して下さることになりましたから、この便り着き次第に感謝しつゝ、中止をお願ひ申上げて置きます。週報も先に申上げました通りで雑誌やその他の本も読むいと間がなくなりました。又必要な時は何時でも戦友に借りることが出来ます。利己主義の様ですが僕は以前の通り小説ぎらひだからなのです。

それからもう一つお断りしたのは慰問品即ち食料品、甘いもん、からいもん等はこちらの酒保に多々有ですからなんだったらお送りします。先日お送下さったそうですね。これは感激をもって戴きます。衣類も多々有です。

ほしいのはお便りです。精神の糧です。これは幾らもらっても不要とは決して申しません。隙（ママ）もないでしょうが思ひ付き次第たのみます。一字でも好いデス。節電で書けませんと云ふような、〝たゞいま消えます〟だけでも結構。〝お箸が今倒れかけてます〟なほ面白し。何じゃかんぢゃと書きなぶりました。腹は仰山、ではこゝらでちょっと一イキ。　二三男

注　1940年1月21日、房総半島野崎岬沖の公海上で、イギリス軍艦が日本郵船所属の浅間丸を臨検し、交戦国のドイツ人21人を逮捕連行した。

67

大阪市港区抱月町一ノ三七　瀧本兼子様　2・9
満州国東安省虎林県虎林河田部隊吉本隊　清水二三男　15・2・17

近頃は内地も氷点下に成って寒い月が続いて居るらしいですね。いつもながら御壮健何よりと存じます。

其后電気問題はどうですか。明滅と云ふ言葉通り一向にはっきりしませんが。調整令が布されたとか、新聞流行語の伝家の宝刀ですかね。

有るが故の不便を大切に味はされた様子ですね。有るが故の不便と云ひましたが、けっして文化を無用の長物とも又その文化を疑懼（編者注―疑いおそれる）したんでもないです。唯有った物が無くなったと云ふ至極単純な事柄である。有る物が無くなる又使用出来ないと云ふのである、それが問題だ。形有る物は壊れ生有る物は死す。これは大宇宙自然の原則であり定理で

ある。有る物が無くなる、この一事に直面したならこれ程痛大な衝動を受けることは他にあまり比がない。即ち通理一片の至極当然な事ではあるが、その事実に於ては大きな影響である事がこゝに於て明らかである。

ずっと以前にも云った事ではあるが、自分は未だこの有るが故の悩みと云ふことをいつも想ひ出し判然な解決を得ない。

馬鹿は休み休みとして慰問品を多々的有難たう御座ゐました。文楽堂と云ったら天元の姉さんとこですか。淋しいのと忙しいのとで姉さんも大変な事ですね。いよ〳〵国民服が決定しましたね注。

ポケットが仲々多いから便利の様ですね。●でも入れて歩くには。自分達の様に煙草の喫む者はもってこいです。その代り骨折れるのはスリ商売だろう。僕の様な健忘症の狼狽屋(ろうばい)（編者注―あわてもの）はチョト用心せんといかんと云ふことになる。今の所そんな心配無用かもしれんが。

風邪を引かぬ様にして下さい。ワンラ（編者注―終わるの意）完了。

注 戦時体制下での生活様式改善運動のなかで、色彩を国防色（カーキ色）に統一した新しい日本服を制定しようという動きが起こった。軍人と民間人との服装を似たものにして、平生着ている服がそのまま準軍服になり、動員態勢に入れるようにという発想からのもので、全国からデザインを公募し、制定された。１９４０年に入って普及運動が進み、１９４０年11月、「紀元二千六百年奉祝式典」に間に合うように、「大日本帝国男子国民服令」が公布実施された。

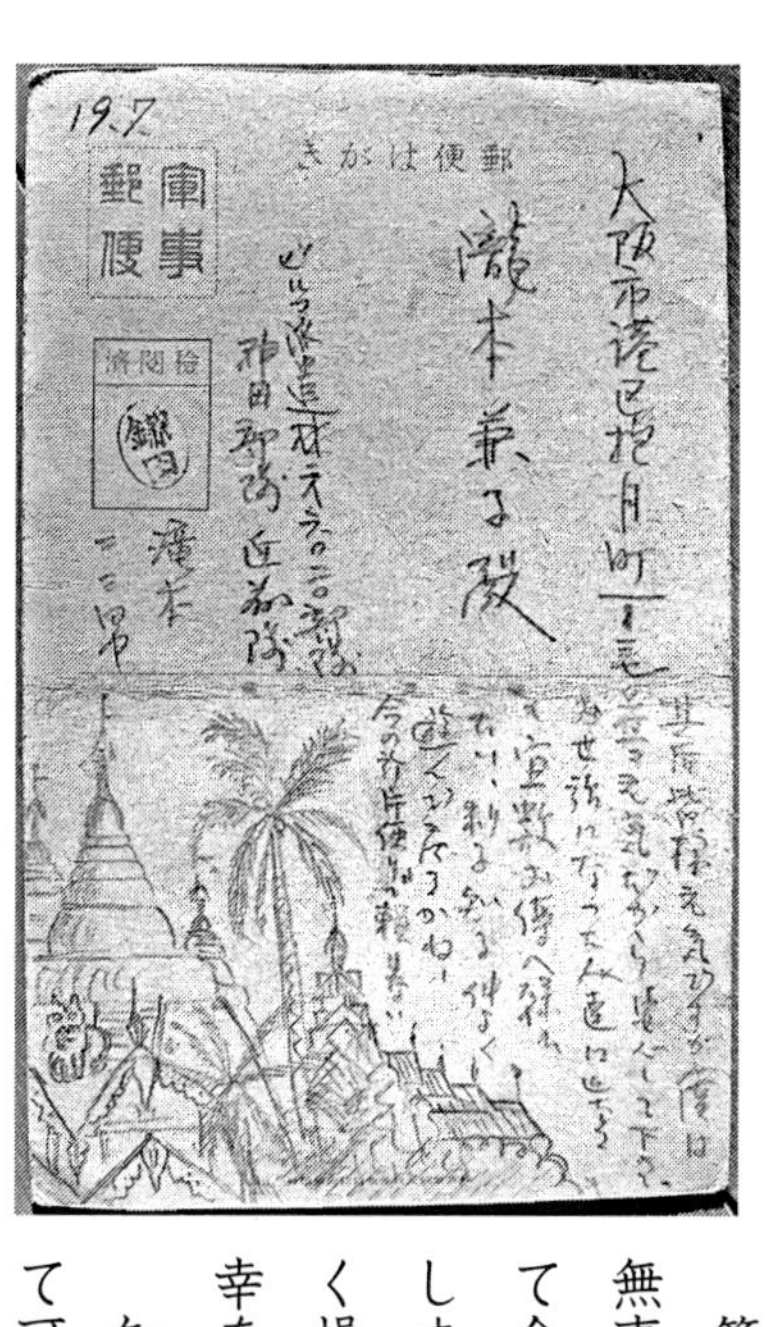

68　大阪市港区抱月町一ノ三七　瀧本金馬様　19・2・13ヵ
ビルマ派遣林第六〇二〇部隊神田部隊近藤隊　瀧本二三男

第一報昨日（二・一二）拝読致しました。皆様の御無事を更にお慶び申上げます。皇土の護り愈々もって全しとの由、我等も安心して一層奮起をお誓ひ致します。我会社も今後愈々決戦体制をもって花々しく操業を開始せられたるとの事、前途を遥かに御多幸をお祈り致します。

知子（編者注—制子さんの妹）もそろ〳〵歩き出して可愛さが一層に増した事でしょう。この便り到着の頃はそろ〳〵普通便も着いて居りませう。神立へはこの便と一緒に航空便にて出します。返信に石田鎌治君が当地に居る様でしたら最近の部隊名をお願ひ致します。こちらは日中相当暑くなって来ましたが夜間は冬服でも寒いくらいです。では楽しんで返信を待ちます。御自愛をお祈りします。万歳。

返信の所へ書いてしまって大失敗しました。

69　大阪市港区抱月町一ノ三七　瀧本金馬様　19・1カ
ビルマ派遣林第六〇二〇部隊神田部隊近藤隊　瀧本二三男

其后皆さん御健勝の事と想はれます。日々お忙しい事でしょう。原料の方はどうですか。組合の其后の動向は如何なもんですか。こちらは螢見て蚊帳を吊って炬燵（こたつ）かなと云った正月です。蛍と云へば既に台湾の方で御存知かも解りませんが、光がとっても強くてしかも二、三秒は連続光って居ります。チークの密林は霧に被はれて大きな〇・五米ぐらいな葉が団扇（うちわ）を落す様な有様でバサ〳〵と落葉しきりです。その林の中には一米以上もある蟻の塔が見られます。又野生の水牛、野雉等が遊んで居ります。鳥はとっても美くしい色をして居ります。孔雀が居るそうですが未だ見た事がありません。角田、羽鹿氏にどうかよろしくお願ひ致します。呉々も御自愛を専一にお願ひします。万歳。

70
大阪市港区抱月町一ノ三七　瀧本金馬様
ビルマ派遣林第六〇二〇部隊神田部隊近藤隊　瀧本二三男　19・3

皆々様御健勝の御事と拝察いたします。小生益々元気にて御奉公致して居ります。こちらは戦塵今なほ去らずとは云へ逞しい建国の様相が総ての物事にうかゞはれます。制子、知子の写真ありますれば（出来るだけ最近のを）お送り下さい。お正月前とて工場の方はお忙しい事と思ひます。角田羽鹿両氏によろしくお願ひ致します。元町の方の家は留守等不便なればおしい様ですが好い様に処置願ひます。又何とか成りましょうから。又后便。

71
大阪市港区抱月町一ノ三七　瀧本兼子殿
ビルマ派遣林第六〇二〇部隊神田部隊近藤隊　瀧本二三男　19・3

からりと晴た十月頃の天気が毎日続きます。こちらでは乾季と云って全然雨を見ません。制子知子機嫌よくして居りますか。航空便の返信が今日か明日かと待って居ります。

礼状は大体本日をもって出し終りましたから。

こちらは牛がとっても多いので牛肉は他の物資に比べてとっても安価です。果物もバナヽ、パヽイヤ、蜜柑等沢山あります。特にパヽイヤの漬物等は他の蔬菜を顔負けさして居ります。蔬菜としては芋類が多い様です。面白のは町中を牛の群や犬の群がうろつき巡って居る光景です。

72　大阪市港区抱月町一ノ三七　瀧本金馬様　19・2・11
ビルマ派遣林第六〇二〇部隊神田部隊近藤隊　瀧本二三男　19・5

其后皆様には御健在の御事でしょう。拝聞する所によりますれば、男子禁制職業十七種目を昨年十月に発令されたり[注]統制会社を強化する等臨戦体制をおそまきながら実施され、丁度今頃は実行せられておる事と想はれます。当方会社も男子禁制では無きも仕事の能率と云ふ点から見れば仲々に取上げかねますが、国家的見地と云ふ点並に現実を直視するならば是非女子工員を必要とせねばなりませんね。今日の戦時制化に取り遺される様にとなりますね。あるひは強要されるかもしれませんね。組合も相当又改革しなければ種々と御苦労の事と感謝致します。

小生の事等忘れて実行して下さい。①[ママ]　今日は紀元節。

注　1943年9月には、販売店員・駅出改札係・バス車掌・床屋などの17種の職に男性が付くことが禁止され、かわりに25歳未満の女性が勤労動員隊として働くことになった。

73

大阪市港区抱月町一ノ三七　瀧本金馬様
ビルマ派遣森第六〇二〇部隊神田部隊近藤隊　瀧本二三男　19・5

②先（ママ）日満月の夜現地人の招待に応じて現地の踊りを見物に行きました。以下其ノ報告。
閻魔大王の如き頭髪飾りに花を付けて、服装はやはりロンジー[注]姿に腰には鳥羽を型取りした物を付けて居りました。
帰る前には音楽を奏します。楽器はピアノ、笛（夜なきうどん屋の様な音色）太鼓大小取り混ぜ五個に鐘を八個連ねた物と弧琴と云った物と木魚です。踊るに先だち万歳見た様な事を道化た事を男と喋（しゃべ）りて后踊ります。踊りはインドネシヤのそれと同じで手指にあらゆる表現をなす外にビルマは腰にも表現を尽します。生活に見るスローモーションな現地人にかくもはげしい踊りがあるかと目を瞠（み）はるばかりです。後便にて。

注　ビルマで日常的に着用される伝統的な民族衣装。筒状の衣類で下半身をおおう。

74　大阪市港区抱月町一ノ三七　瀧本兼子殿
ビルマ派遣林第六〇二〇部隊神田部隊近藤隊　瀧本二三男　19・5

最寒の折皆様初め子供達も元気でありますか。正月も半ば過ぎました。濃紅な草花が平原に咲き乱れて居ります。〝椰子実り歩哨に寒し今朝の霧〟椰子は今盛んに実って居ります。正月に入ってからマンゴーシャハーと云って雨が時折降って呉れます。スコールと同じ様に。こちらでは名称が変って居る様です。気候が好い為か大分肥えた様だね。知子は歩きまはって悪さを初めて居る事だろう。制子はミーをいぢめてはせんか。自分で数が分る様になりましたか。末尾の郵便貯金番号は留守担当者のお前の方に通知せよとの命令だから記憶して置きなさい。山本君や惣団、西村君によろしく伝言（ママ）へてもらいたい。町会や隣組[注]の方にはまだ礼状は出してないがよろしく頼む。学校を所々に設けられてビルマの子供達は今一生懸命に日本語を習って居ります。天元の方にも宜敷く。では又。『戦とひ〇八貳六〇』記録して置きなさい。

注　1940年9月政府によってつくられた地域組織。町内会の下に10軒程度を単位として、生活物資の配給、戦時公債の割り当て、防空演習や出征兵士の見送りなどを行った。国民の末端まで統制し、戦時体制に協力させるための下部組織だった。

75　大阪市港区抱月町一ノ三七　瀧本金馬様
ビルマ派遣林第六〇二〇部隊神田部隊近藤隊　瀧本二三男　19・6

昨日来の雨がカラリと霽れ上ってとってもすがすがしい気分でこの葉書を書きます。何時もでしたら〇〇河の清流で水浴するのですがこれも又一風情ありて好きなものです。皆々様其后御健勝の事と想ひます。自分も益々健在にしてこの土地の気候風俗にも慣れて参りました。言葉もシデー（有リマス）ムシブー（有リマセン）トアデー（行マス）と云った具合で親んで来ました。現地人は総て手掴みで御飯を食べます。又跣足で歩きます。跣足は雨が降ると我々もそうしたい気持になりますが、彼等の如き強健なる足では無く、とても模倣は出来ません。午になって暑くなるとシャツやタオル（内地では赤ン坊の湯上りに使用する）等総て手に持たずに頭に巻き付けて歩きます。前述のタオルは上衣代りともなり毛布代りにもなり水浴の時に体を拭ふにも使用される便利なもので、台所と云っても煉瓦二個と鍋一個、皿、銀製の湯呑ぐらいの物です。家の内も竹製の行李があるくらいのものです。女が朝早くから「マスイモナモチジョトぐ〳〵」と売りに来ます。（Ｉ）（ママ）

76　大阪市港区抱月町一ノ三七　瀧本金馬様
ビルマ派遣林第六〇二〇部隊神田部隊近藤隊　瀧本二三男　19・6

(Ⅱ)(ママ)品物は大抵一ビース幾値と云ふ様になって居ます。砂糖は黒いドングリ大に丸めた物と五銭の粟おこし大の板にした物とあります。煙草は總て葉巻で変な木片様の物が刻み込んであります。葉も煙草の葉ではなく他の木の葉で巻いて居ります。町では巻いたのを売って居りますが、それぐ〵に巻いて喫って居ります。我々は「クワイロ灰(ママ)」と名付けて居ります。まづい煙草です。僧侶は大変な権利を持って居ります。現地人は皆土下座をもって礼を致します注。我々に協力する気持は大へんな物で、スパイ潜入とでもなれば村長の命令一下蕃刀をひっ下げて山にでもジャングルでも入って行きます。全く涙ぐましい程頭の下る程の気持を彼等は持って居ります。現地人には挨拶は全然無い様です。中には「おはようございます」と云ふ事を憶えて愛嬌を振る者も出来て居ります。こちらの豆腐は黄色のもので苦汁(にがり)無しに固めた物と想はれます。煮くと麸の様なもので豆腐の様に美味くはありません。木箱に入れて持って来ます。では御自愛を祈念して。後便に致します。万歳。

注　ビルマでは上座仏教徒が人口の9割程度を占める。毎朝托鉢する僧侶に炊きたてのご飯やおかずなどを鉢に入れて供したり、10歳前後の男子が通過儀礼として一週間僧院に暮らすならわしがあるなど、仏教は国民の生活文化に大きな比重を占めている。仏教徒にとって僧侶は、功徳を積む大切な対象である。

77 大阪市港区抱月町一ノ三七　瀧本金馬様
ビルマ派遣林第六〇二〇部隊神田部隊近藤隊　瀧本二三男　19・7

暫らくの御無沙汰でした。少々忙しかったものですから。(内地は桜の頃ですね)注①皆々様御健勝の由、母上の御病気も全快の事とお慶び申上げます。本日耐ちゃんから(一・五付)十日前の三日兼子より(一・二二付)を落手致しました。こちらからのもそうでしょうが内地の便りも大変前后して到着します。耐ちゃんの希望前途に多幸あらんことを祈ります。写真機はどし〲使って下さい。和ちゃん注②の件自分も心に掛けて居ります。梅原君に便りする事はしましたが、そちらからの便りで必要な事項がありましたら重複してお便り願ひます。自分達は現在父上が最初事業を起されましたる地と緯度は殆ど同じ所で御奉公致して居ります。戦友達からうらやまれるくらいの元気です。神立へも御無沙汰ですからよろしく。忙しい理由は大本営から既に御発表下さった事でしょう。軍人会や町会の方々、親戚御一同様に宜敷。そして航空

機さへどしどし造ってもらへばケサ（心配）ムシブー（有りません）と。草々

注①「忙しかった」と記しているのは、1944年3月に開始されたインパール作戦への従軍のためと推測される。

注② 三女、兼子さんのすぐ下の妹。

78

大阪市港区抱月町一ノ三七　瀧本兼子殿

ビルマ派遣林第六〇二〇部隊神田部隊近藤隊　瀧本二三男　19・7

其后皆様元気ですか。僕は益々元気だから安心して下さい。お世話になった人達に呉々も宜敷お伝へ願ひたい。制子知子仲よく遊んで居るかね。今の所片便りで頼りない。

79

大阪市港区抱町一ノ三七　瀧本兼子殿　5・17

ビルマ派遣森第六〇二〇部隊近藤隊　瀧本二三男　19・8

拝啓　五月も中日を過ぎ雨季の前ぶれとでも云はうか時々降雨を見ます。昨十五日に第二信、第三信、第四信を一挙に落手せり。第二信の知子の写真とってても可愛く撮れてあります。見違

へる程の発育振り、その苦労の程感謝します。制子もよく肥えて元気そうで嬉しいです。あの写真は絞りをもう少し強くすると好く撮れると思ひます。これからの子供は親や家の自慢に育てるのでは無く国の為に育てるのです。決して親の好みの盆栽育てをしてはいけないと思ひます。どんな事にでも強く生き抜ける様に育てたいものです。

和ちゃん気の毒です。必らず想像の如き事情にあらん。されど心配無用と思ひます。何事もよき父よき母ありと何んの心配もなしに御奉公出来る自分は幸せだと感謝します。想ひ出づるまゝに。不二[注①]

（欄外に）分会[注②]からの慰問状と神立からも来る。

注① 十分に意を尽くしていないという意味で手紙の末尾にそえる言葉。不一と同じ。

注② 帝国在郷軍人会の町や村の単位組織である分会のことと推測される。現役を除隊した軍人は、地域ごとに在郷軍人会に組織され、戦時には召集されて軍隊に復帰したが、平時には、出征者の見送り、戦死者の葬典、徴兵検査の手伝い、防空演習などを行った。帝国在郷軍人会は、国民が戦争に協力する推進力の役割を果たした。

80　大阪市港区抱月町一ノ三七　瀧本兼子殿　6・10
ビルマ派遣森第六〇二〇部隊近藤隊　瀧本二三男　19・8

我々にはなんとも云へない厭な雨ではあるが現地人にとってはこよなき慈雨である。それは何んの心配すらなく又努力も要せず稲は育つからである。今当地には美果が妖しげなる香をもって我々を楽しませて呉れます。先づマンゴーで、この果実はあたかも内地の桃を細長くした様な物で黄金色にうんだ味はとっても魅惑的である。肉は桃のそれと殆ど似て居る。

次はドリアン。神秘的な王話にある悲恋の物語の主、その処女の名にあづかりたる名称と記憶して居るが、これこそ全く妖しげなる味覚をもって居て、イボ〳〵の外観でその内には母指頭大の種子があってその種子を包んで居る果肉を食べるのである。キントン飴の如きとっても甘い味で五粒も食べればそれ以上手が出ないくらいである。そしてその種子を蒸したら栗の様に美味しい食べ物である。代表的な珍らしい物はこの二種である。（Ⅰ）(ママ)

81　奈良県五条町二見川端一一一三（大阪市港区抱月町一ノ三七の宛先の上に貼って）　瀧本兼子様

6・10　ビルマ派遣森第六〇二〇部隊近藤隊　瀧本二三男（貼られた紙で隠れている）　19・8

花の美くしい「サルスベリ」の濃桃色が雨で潤ほふ様は絵にも美くしき風物である。又「アカシヤ」は筆毛状の花をつけて、その色様は尖端は桃色で下部が白色と云ふ美くしさである。樹容はあたかも傘を拡げた様になって居てとっても大木である。町村の並木を、又「オアシス」を型成して居ります。「合歓木（ネム）」は、深緑の扶桑の如き花をつけてその樹姿又海浜の松を思はせるそのものです。「含羞草（ハニカミソウ）」、これは運動する草の一種でちょっと指先で触れられても草全体がしほれた様になってしまひます。花は耳掻の毛の様な花で濃桃色である。蔓状に伸た合歓木の様な草である。慰問の写真受取ました。知子の泣いて居るのとお母さんと和ちゃん耐ちゃんの姿の無いのが残念です。健康そうなよく肥えた姿を見て安心しました　お父さんは少々痩（や）せられた様ですね。（Ⅱ）（ママ）

82　大阪市港区抱月町一ノ三七　瀧本金馬様　7・7
ビルマ派遣森第六〇二〇部隊近藤隊　瀧本二三男　19・8

南方の夕空は一幅の泰西（編者注―泰は極の意で西洋のこと）画であります。現地は今籾播きです。ジャングルには蒟蒻が大きな葉を出して居ります。とても沢山に自生して居ります。皆々様無事なる由何よりと想ひます。一週間前に制子と知子に誕生祝を送金しました。又その日と前后して母上の一月と兼子の三月の三通の手紙いたゞきました。神立の兄よりの手紙も同時にいたゞきました。家の方は生駒の方に決定した由兄の便りに有りましたが、もしそうだとすると結構な事と想って居ります。一日も早く政府の意向に対して決定を見る事を鶴首（編者注―鶴のように首を長くのばして待ちわびること）して居りました。生駒の南の方は地盤は悪いですが北の方ですと非常に好い様に記憶して居ります。営業の方は佐高の仕事ポツリポツリと有るのですが、山の方は青山氏より二月の報告書が届きました。金が金が、相変らずオッサン苦笑させられますよ。梅原君から未だ返書なし。彼の心中察せられるものあり。母上のお説御尤なりと同感。恒岡氏よりの便りでは米子方面で工場建設とか砂鉄の方ではないのですか。愈々御発展増産御奉公同慶至極。この書友の書損じ利用。万歳。

83
奈良県宇智郡五條町二見一一一三　瀧本兼子殿　8・30
ビルマ派遣森第六〇二〇部隊近藤隊　瀧本二三男　19・11・2

敵の反抗愈々急なる秋皆様には御無事にてお過ごしの事と想はれます。雨季もあと一ヶ月ばかりで明けるとか。この書は目下出張中の某所にてしたゝめて居ります。当地仲々に美味しい「アンコロモチ」を沢山売りに居ります。久振りにて腹の祭りも出来ました。現地人の田植時でとても忙しそうに働いて居ります。その光景は内地のそれと何等変らないのは嬉しいです。制子知子仲よく遊んで居りますか。

御自愛を祈る。草々

84
奈良県宇智郡五條町二見一一一三　瀧本兼子殿　8・7
ビルマ派遣森第六〇二〇部隊近藤隊　瀧本二三男　20・1・17

雨期とは云へ近頃は晴間が多い様です。今日七夕祭です。児等は皆元気にて楽しく育ちつゝあるとの事全く有難く思ひます。この便り到着の頃は全く郊外の生活の楽しみの真深（ママ）さが解って来た頃と思ひます。裏の畠の産物が自然の恵みを豊富に与へて呉れて居る頃でしょう。此頃は移住の為か書信が少なくなった様だが、落着いたら面倒でも新聞のニュースで興味のありそうな事でもなんでも結構だから通信をお願ひ致します。子供の仕草等微笑ましく楽しく読んで居ります。今遠くジャングルより物スゴイ音を立てゝスコールがこちらにやって来ます。こんな光景は時折ごく瞬間的に起る南国風景です。　近況迄。　二三男拝

85　奈良県宇智郡五條町二見一一一三　瀧本兼子殿　9・13
ビルマ派遣森第六〇二〇部隊近藤隊　瀧本二三男　20・2・12

草の根方に啼く虫の音は内地と殆変らない。たゞそれよりも多いと思はれるくらいだ。五月十七日付の便り受取った。

皆々無事と聴いて嬉しく思ひます。百姓も一、二年年功を取らないと難かしいものだが先々気永に観察深くやって居ると殆ど失敗はない様に思はれます。知子の診てもらったと云ふ病院は窪川病院じゃなかったかね。もしそうだったら自分の部隊の軍医中尉殿がそこの院長さんだそうだよ。梅原の件自分の想像どうりだ。あるひは既に来て居るのじゃないかとさへ思って居たのだ。駄目で却って君は運がよかったよ。俺も安心した。吉報を待つ。

次の山次の山にも紅葉かな　二三男

86
奈良県宇智郡五條町二見一一一三　瀧本兼子殿　11・1
ビルマ派遣森第六〇二〇部隊鳥井隊　瀧本二三男　20・3・29

当地は今一年中を通じて一番よい季節です。現住地人が田植をして居ったのは、つい此間の様に想って居たのに何時の間にか稲穂もたわゝに稔って居ります。内地からの便りは順調に落手致して居ります。制子、知子、共に空気のよい日光の好い所ですく〳〵と伸び育って居るだろう。一度抱き上げてやりたい衝動に駆られる時がある。だが今ぞ決戦時であるから、皇国浮沈の鍵は今にある秋（とき）、吾人等はちょっと御玉杓子（おたまじゃくし）の尾が切れとうには無い事だ。此れからだよ。まあその積りでしっかり頑張ってもらいたい。こちらからの便りはついずぼら勝だがそちらからは今の調子でどし〳〵頼む。低調な便りを書いた様だが気分は陽気だから安心してもらいたい。草々

87
奈良県宇智郡五條町二見一一一三　瀧本金馬様　20・1・28
ビルマ派遣森一〇三五九部隊　瀧本二三男　20・5・15

永らくの御無沙汰で御心配をお掛けした事と想ひますが決して体に異状のあった訳でなく、既

に御承知かと想はれますがずっと行動中であったからです。其后皆々様にはお変りありませんか。振返って昨年は一日の日も病気で床に就いた事はありませんでした。今年も大いに張切って愈々決戦に勇を揮ふ積りであります。今度表記の如く宛名が変わりました故今后の便りは是れでお願ひ致します。今度西村初次君と同じ任務に就きます。奈良県の十津川出身で今京都の堀川署に勤務して居った。戦友下田敏夫君の先輩でとっても親切な五條町の五條土木出張所長上田清一氏、亦友人の五條署の今西芳一氏（巡査）が現職で居られたら不自由の時はよろしく御依頼すれば宜しかろうと想ひます。税務の関係が不明な事があれば亦同君の畏敬者で港税務署直税課の属官沢田竹雄氏を訪ねられたし。草々

88　奈良県宇智郡五條町二見一一一三　瀧本兼子殿　20・2・1
ビルマ派遣森一〇三五九部隊　瀧本二三男　受信日不明

其后如何お暮しになって居るや。制子、知子共に健全に生育しつゝありや。自分は現地へ来て以来これとして病気に罹った事がない。今后共大いに張切ってやる心積りだ。聴けば時々敵機が皇土に向って来るらしいが遂に疎開して呉れたので安心して居る。只父上や和ちゃんが市内に頑張って居て下さるので少々気懸りだが防空壕さへしっかりと構へて置けば大抵大丈夫

だ。田舎と云へども壕の設備だけはして置きなさい。家屋の下はあまり感心出来ないね。農園の情況は如何だ。家の者はジン臓病に成[欠落]注すい体質だと思はれるから今年も玉●茶をうんと[欠落]らどうかと想ふね。御自愛を祈る。これからは便[欠落]書けると思ふ。[欠落]たから違はない様に。草々

注 表面上部右隅に返信票を貼れば航空機で返送されると書かれていて、貼られた返信票が切りとられたためか、左角上部が切断されている。

89

奈良県宇智郡五條町二見一一一三　瀧本金馬様　5・23
ビルマ派遣森一〇三五九部隊　瀧本二三男　20・8・5

拝啓　永らくの御無沙汰でした。皆々様並に神立の方も皆々御無事なる事と拝察致します。制子、知子もさぞ立派に成育した事と想ひます。こちらは近頃雨期に入って居ります。小生はずっと至極元気にて御奉公致して居ります故何卒御休心下さい。内地は今新緑の頃ですね。青梅の代用品としてこちらにもマリアン（ミャンリー）と云ふ果物があります。梅干の立派な代用品として現地の我々を悦ばせて呉れます。そして今はこちらの果物が一番多い時でマンゴスチン、マンゴー、ドリアン、パパイア、パン、パインアップル……等々、沢山市場やら道々に

売って居ります。こんな風に今我々が戦って居る現地は食料に恵まれて居ります故幸甚であります。欠落 御健康に御健闘あらんことをお祈りします。小生も元気欠落します。御一統様に宜敷御伝言あらん事を。艸々

90

宛先・発信年月日とも不明　イギリス軍事郵便用紙カ

第百十八兵站病院注①　陸軍伍長瀧本二三男

雷雨が風と共に去ったゴム林の中、通路の端には亦今年も何事も感知せざるが如く目も醒める様な朱紅の花を付けた合歓木。さっぱりした、さっぱりした気分で今は平和に護謨園の病院で元気で勤務して居ります。均整美の象徴でもあろうかの様な護謨園、油椰子園。それは美くしく我々の気持に反映して居るかの様です。総ゆる思慮を弄して（編者注—もてあそんで）後に得た考へざる生活を続けて居ります。やがて来たる制子の誕生日迄には間に合ふだろう復員の船を谷間の灯の様に思ひ、なつか

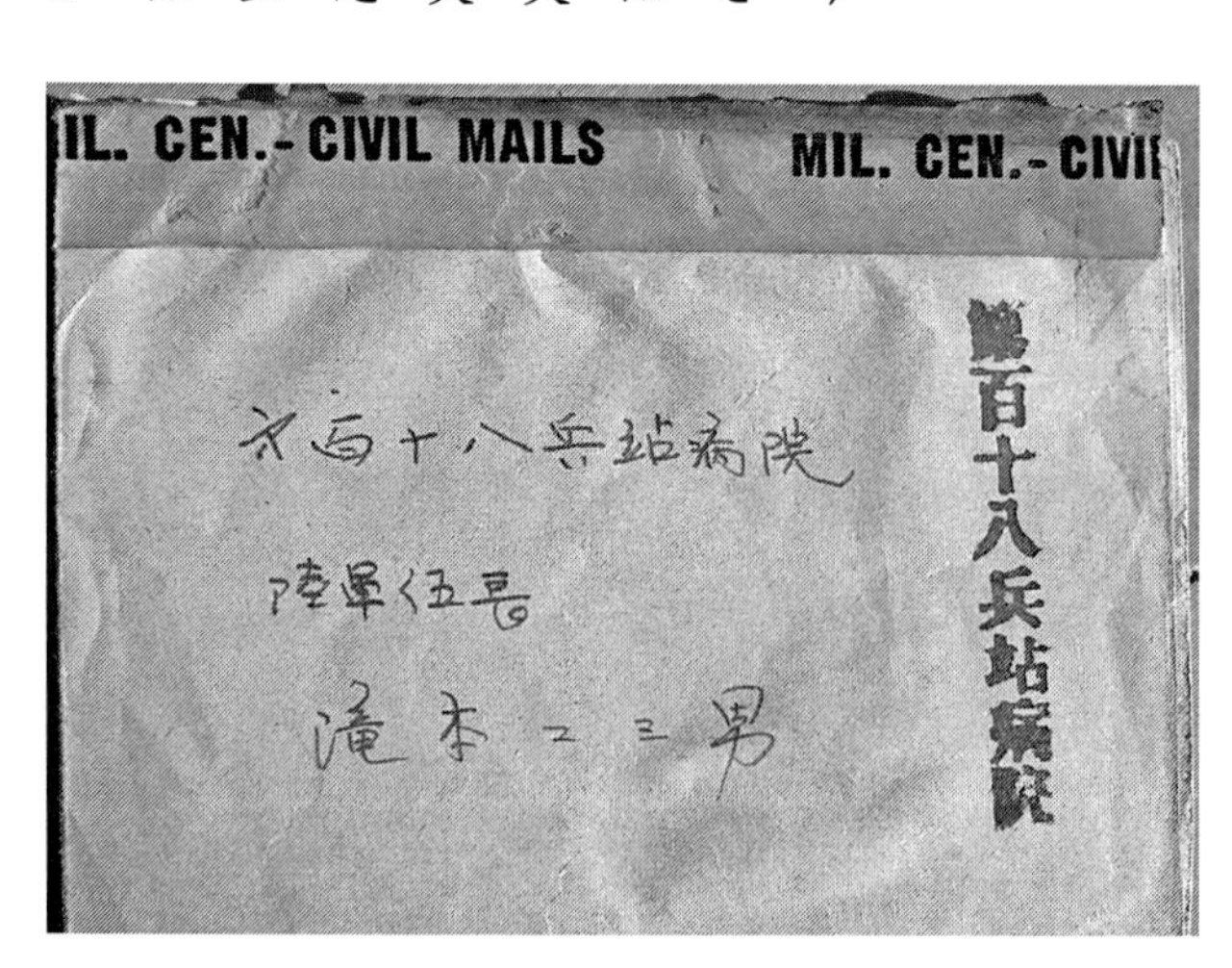

しい迎へ船を静かな心一つで待って居ります。

皆々様には御苦労の多い事と拝察致します。何卒御体を専念御自愛下さいまして不思議なる一命を持ち帰る注② 其日迄御辛抱下さい。

どうか御一統様親戚の方々に宜敷御伝へ下さい。

私事のみ書き連ねましたが思はざる事なきにしも非ず。されど思はざる考へざる明朗一途の心境を御察し願ひます。では元気で共々に。頓首

注① 第118兵站病院は、ブロームの南30キロのイラワジ河に沿った町バウンデにあった。日本兵は、国際法上の捕虜としてではなく日本降伏者（JSP）として各地の収容所に集められ、ビルマの復興などの雑工事に強制的に使役された。瀧本さんの場合は、第118兵站病院で傷病兵のために働いていたものと推測される。

注② ビルマに送られて戦った日本の将兵は約30万5000名。そのうち約18万5000名が戦死または餓死・病死して、わずか39パーセントの約11万8000名しか故郷に帰ることができなかったといわれる。

解説

戦争に行った若者の思い——瀧本二三男さんの手紙とはがきを読む

戦前は、男は満20歳になると徴兵検査を受けさせられ、有無を言わさず兵士とされて戦場に送られました。多くの兵士たちが、戦場での負傷や病気、飢餓で亡くなりました。兵士の墓に刻まれた享年を見るとほとんどが20代です。

瀧本（旧姓清水）二三男さんは、**資料①**の従軍歴にあるように、1916（大正5）年1月23日に現在は八尾市に含まれる中河内郡高安村に生まれました。長じて府立園芸学校（現園芸高校）を卒業し宝塚植物園に就職しましたが、1936（昭和11）年満20歳の時、徴兵検査を受け、甲種合格して※1、高知市にあった陸軍第一一師団第四四連隊に入営し機関銃隊の一員になりました。

第四四連隊は、1937年7月に始まった日本の中国全面侵略戦争（日中戦争）で、上海に派遣され、瀧本さんもその一員として戦うなか8月28日に重傷を負い、19日間の逃避行のすえ救出されました。

その生死の境のなかで生き抜いた体験は、「忠烈四勇士」の「美談」として、『大阪毎日』『大阪朝日』『東京日日』『東京朝日』『読売』の新聞各紙1937年9月17日付朝刊でいっせいにとりあげられたほか、同年11月15日発行の『サンデー毎日』臨時増刊号「支那事変 続皇軍武勇伝」においてはなばなしく報じられました（資料②）。

瀧本さんは、内地の陸軍病院で治療を受けたのち、今度は中国東北部（満州）のソ連との国境地帯へ派兵されました※2。そして苛酷な軍務と酷烈な気候によって病気になり、野戦病院に入院する体験を経て、1940年3月に満期除隊しました※3。

大日本帝国は、1941年12月8日に、中国に加えてアメリカ・イギリスなどとも戦争（アジア・太平洋戦争）を始めます。当初、日本軍は破竹の勢いで東南アジアに占領地を拡大しましたが、戦いが長期化していくとともに、連合国軍の反撃が激しくなっていきます※4。この間、瀧本さんは、予備役として市民生活を送りながら、兼子さんと結婚して（1940年）、翌年には制子さん、翌々年には知子さんが生まれました。

しかし、親子4人の水入らずのくらしは、1943年6月の二三男さんへの臨時召集によって終止符が打たれました。応召して、第四師団歩兵第六一連隊第五三兵站地区警備隊第三中隊に編入され、今度はビルマ（現ミャンマー）に送られたのです。

ビルマでは、第一五軍に所属して1944年3月からのインパール作戦に兵站部隊として参加し、ついで第三三軍に転属して、1944年5月からの一連の作戦に加わりました。インパール作戦とその後のイギリス軍の来襲で膨大な数の兵士たちが悲惨な死を余儀なくされるなかで※5、敗戦を迎え、「不思議なる一命を得て持ち帰る」［85—手紙とはがきの番号を示す。以下同じ］ことができました。最終的に復員できたのは１９４６年7月のことでした。

なお、瀧本さんの陸軍における階級は、二等兵からスタートして、6カ月で一等兵になり、上海戦線での負傷と治療の1年間を除くと、5カ月で上等兵、そして、応召後１９４３年12月に兵長、内地帰還直前の１９４６年3月に伍長となります※6。

こうして瀧本二三男さんは、20代の10年間を軍人として過ごしたわけですが、この間、瀧本さんは兵士として沢山の手紙を家族へ送りました。そのうち満洲やビルマから、主に婚約者（妻）の兼子さん宛に送られた軍事郵便79通と一般郵便11通が残されています。軍事郵便は検閲されますから自由に書けませんが※7、それでも行間から書き手の心情が浮かび上がってきます。それらを読み解き、戦場に送られた若者がなにを伝えたかったかを整理して紹介することにします。

1、苛酷な軍務、死と隣り合わせの日常のなかで

１９３７年7月7日、中国北京の近郊盧溝橋に駐屯していた日本軍と中国軍が戦闘にはいり、やがて戦火は中国全土に広がって行きました。日中戦争の勃発です。瀧本さんの所属する第一一師団も中国に派遣され、上海で中国軍と戦いました。中国軍の抵抗が激しく、日本軍は苦戦を強いら

れ、多数の戦死傷者を出しました。瀧本さんも頭部と胸に砲弾を受け重傷を負いながら他の3人の負傷兵とともに19日間敵兵の目を逃れた末、奇跡的に救出されました。

瀧本さんは治療のため日本に送り返されますが、日本へ向かう病院船から出したはがきに、

皆様御健在ですね　二三男は今亜米利加丸の人と成って宇品へ懐かしの故国へ到着しました戦友達の事を思ふと残念で堪りません。が頭と手と背と腰骨から四寸下をやられたが軽創ですから御安心下さい　又後便ニ。（消印1937年9月26日）［2・一般郵便］

とあります。重傷を負ったにもかかわらず、「軽創ですから御安心下さい」と書かれています。兵士が家族などにあてて送る手紙には必ずといってよいほど、自身が無事であることや、元気で軍務に励んでいることを強調する文言があるのが特徴ですが、これもその例にもれません。

瀧本さんは、傷が癒えたあと、今度は中国東北部に日本が樹立した「満州国」のソ連との国境地帯に派遣されます。

そこから出された1938年12月初めに届いたはがきに、

寒くなって来ました。昨夜慰問袋を戴きました。色々の内容で大変うれしいデス。オジャミ

皆がよろこんで練習して居ります。こちらは朝は零下十五度くらい下ります。寒さに馴れた僕達は平気です。心配だった古傷も痛みません。自分の事ばかり書きましたが、そちらの皆様は御健在の御事と存じます。［14］

と記しています。実際は厳しい気候のなかでつぎにみるような過酷な勤務状態を強いられ、やがて病気になるのですが、家族を安心させるように書いています。
瀧本さんのような下級の兵士はどんな軍務についていたのでしょう。つぎの手紙は、まだ高知の連隊にいる1938年8月のものです。衛兵歩哨の軍務がたいへん厳しかったことがわかります。

衛兵歩哨勤務で毎日眠たくない日はありません。したがって私事の実行は肝銘にあれどうとくなりがちです。お母様からも昨夜衛兵から帰ったらお便りとゞいて居りました。〝相済まぬ心で一ぱい〟、今日昼食まで読むことも出来ず眠ってしまひました。歩哨は御存じと思ひますが、夜は数分の仮眠しか許されません。そして一日八回の立哨で一回一時間です。いくら強健な者でも一日の勤務が終ると前後も不知ず眠りに入ります。こんな情況でこれからも幾日も過さねばなりません。［8・一般郵便］

そして上海戦線で負った傷が癒えたあと、「満州国」に派遣されたのですが、その地での冬期の警備は内地をさらに上まわる厳しさでした。つぎのような手紙があります。

インキも凍りそうだ。ペーチカが燃えている。がちっとも……。（1938年12月）［15］

暖かくなるのかなァーと思って居たら、今日は又寒さの親父が黒土を巻き上げて吼える様に吹く風と共に俺達のホッペタを真赤にしびれさせやがる。もうそんな手で俺達を苦しめ様たって古くさい。慣れてしまって面や手はタコになってしまってるから駄目だよ、と水鼻汁を手袋でこすり取りながら、室へ逃込む様に帰って来て、手紙でも書くかなと思って羊羹喰ひもって書き初めたが書くことがない。（1939年3月）［26］

こうしたなかで瀧本さんは、

やるせなく寂寥を感じて居る今日此頃、春の来る日がもどかしく想へてならない。皆様お元気で何よりです。僕も相変らずだが元気とも云へない。体の調子がちょっと今のとこ悪くて残念です。もう少し暖くなったら回復すると思ひます。ともあれ軍務は無事に励んで居ります。

（1939年3月）［27］

今度はずい分永らく手紙を書かなかった。別段理由なし。唯かけなかった迄。暑くなって来たので頭がぼやけて来る。今の僕の生活はとても忙しい。時々の閑に倦怠その侭の面かっこうで東へ〳〵流れる雲を見る。雲は総ゆる色総ゆる型をしてやがると妙にぼんやりした事を考へて突立って居る。強ひてその雲の深さなんて考へない。僕の服は変な移香があって飯の時も、雑話してる時もいつでも臭ってやがる。妙にクサイ。（1939年5月）［34］

というように体調を崩してしまい、結局、同年7月、「急性胃腸炎並マラリヤ」で密山第一陸軍病院に入院することになりました［37］。「一時はくたばっちまうんじゃないかしらと思った」［38］、「相当疲労をしとったと見える」［39］と書いています。

重病だったのです。

健康な若者であった瀧本さんが重い病気にかかるほど、酷寒の満州の地での軍務は厳しく、退院後も、忙しくて手紙が書けないという状況でした。

さらに応召して派遣されたビルマでも、インパール作戦にともなう兵站業務や、その後のイギリス軍の反攻によるビルマ戦線の崩壊のなかで一連の作戦に参加し苦闘を強いられていました。

永らくの御無沙汰で御心配をお掛けした事と想ひますが決して体に異状のあった訳でなく、既に御承知かと想はれますがずっと行動中であったからです。（1945年5月）［87］

こうして下級の兵士にとって多忙な軍務に身をすり減らす毎日だったのですが、それとともに、特記しなければならないのは、兵士たちはいつ敵襲などで死ぬかもしれないという極限状況に置かれていたことです。瀧本さんも時には死の恐怖に襲われることがありました。軍事郵便なので率直に心情を吐露することは難しかったのですが、それでもつぎのような手紙が残されています。

今は二十八日である。八月の二十八日である。八月二十八日、大きな時の力はかくも僕自身否多勢の戦友達の人生と云ふ意味を具表した時である。貴女の兄上もその一人だったと思へば言葉を続けることすらも不思議なくらい胸が迫って出来ない。八月二十八日、まざ〳〵と僕の瞼にあの時の光景が浮んでくる。がしかしそれを言葉にすることは難しい。今は唯故鉦馬君の代りに君と云ふ信ずべき人が、愛すべき人が僕の身近に居て呉れるのだ。現在の僕の感情はとうてい書き尽せない。唯君の幸福を祈るばかりだ。（1939年8月）［46］

8月28日という日は、1937年のその日、上海戦線で中国軍の砲撃を受け重傷を負った日で、その後他の3人の兵士とともに死体の浮かぶクリークの水を飲みながら19日間も敵の目を逃れてかろうじて生還したのでした。「まざまざと僕の瞼にあの時の光景が浮んでくる」と書いていますが、いったいどんな光景が去来したことでしょう。「僕自身否多勢の戦友達の人生と云ふ意味を具表した時である」とあるように、死の恐怖に直面せざるを得ない兵士の生のあり様を読み取ることができます。

瀧本さんは、別の手紙で、「今事変二週年記念日であった。僕は雷鳴を聴きて蘇生せり。あの時、あの日。一辺の縁りを覚えざらんや」（1939年7月）［38］とも書いています。かろうじて生き残ることのできた苛酷な体験が、心に重く刻まれ、なにかの拍子にその時の恐怖がよみがえってくるのではなかったでしょうか。

このように、身体をこわす程のきびしい軍務、そして死と隣り合わせで、いつ戦死してもおかしくないという極限状況に置かれていたのが兵士の日常でした。そのことが瀧本さんの手紙とはがきから読み取ることができます。

なお、苛酷な軍務に表される軍隊の非人間性については、軍事郵便の制約からあからさまには書かれていませんが、「大体栄養食なんてその土地条件も考へずに云ったたって駄目なも程がある。但し軍隊はいろんな体質の人間があるからそのごく一部の人間の為に条件も栄養もくそもあったもんやない」（1939年10月）［55］と、食事の貧しさ※8を告発している手紙もあることを指摘しておきたいと思います。

2、苛酷な戦場の日々を支えたもの

(1) 忠良な天皇の兵士として

瀧本さんの「満州国」での任務は、ソ連との国境を守ることと、中国人による独立回復闘争を鎮圧することであったと思われます。そのうえ、瀧本さんは、1944年からはビルマで占領地の確保とインパール作戦をはじめとするイギリス軍との戦闘に従事しました。そうした戦場での過酷な日常を支えたのはなんだったのでしょうか。その一つは、天皇のため国家のために命をささげるのが国民の義務だという信念だったと思います。

「一旦緩急あれば義勇公に奉じ」と、学校で小さい時から「教育勅語」で教え込まれ、マスコミも盛んにあおりたてて、当時の国民の心のなかに染みついていた思想です。瀧本さんも軍国少年として成長し、軍隊では、「下級の者は上官の命を承ること実は直ちに朕が命とを承る義なり」「只一途に己の本分を守り、義は山岳よりも重く、死は鴻毛よりも軽し、」と記した「軍人勅諭」をたたきこまれ、ご多分にもれず「忠勇な皇軍兵士」であることに疑いを持たないひとりでした※9。

そのことを示す手紙を紹介しましょう。

自分のふるさと高安村出身鯉登部隊勇士三名戰死の報が家から来ました。聞くたび英霊に黙祷を捧げて居ります。其忠勇の士に菊の香よどうか匂ひ英霊にとゞいてくれ――。びっこが早く癒って白衣を軍服に着替へたいと神に祈りつゝ、居ります。（1937年11月）［3・一般郵便］

鉦馬兄逝かれて早巡る二夕瀬、思ひ出のあまりに多きに驚く。靖国に神鎮まります。英霊に新東亜の建設の力強き現状を報告申して安らかならんを祈る。中略 僕の兄（三男）も春浅き頃結婚した妻を残して三七聯隊に応召せしとか。その無事入営せしかは今だ便りなき為不明ではあるが同胞としてこの名誉うれしき、うれしく想ふ。私的生活を棄てゝ我々は大いなる犠牲の為無上のよろこびをもって働き、犠牲の英雄の志を遂げ貫いて初志の光明を得なければ決して武装は解けない。（1939年8月）［44］

ここに見られる表現は、当時の青年としてはまだそれほど露骨ではないように思いますが、それでも国中にあふれていた軍国主義的な風潮から逃れることができなかったことを示しています。

(2) 兼子さんとその家族への思いやり

「教育勅語」や「軍人勅諭」でつちかわれた天皇制軍国主義思想が「忠良な兵士」瀧本さんの軍務を支えた信念でした。しかしこれは建前というべきもので、軍隊生活のなかで実際に心をなぐさめたのは、縁者から送られる故郷の様子などを知らせる便りでした。残念ながら、兼子さんやその家族から送られた手紙は残されていませんが、つぎの手紙にそのことがうかがわれます。

お便りお返し申上候。中秋の名月を異郷の大陸に観て国の秋をそゞろ偲び申候。御想像の如く憂鬱な事で御座候へども御賢所の如く候はず、毎日の新聞或週報にお便は霜の下の草に太陽の如き温情を相感じ申居候間、日に次ぎ元気が増加倍進して参りましたる段感謝言辞こゝに敢て申述ぶるを知りません。御父母様には御多忙の由定めしと御労苦は拝察出来ますが、その一面には御壮健を慶び申上て居ります。(1939年10月)[52]

そして二三男さんの方からは、兼子さんやその両親・姉妹など、そして、結婚して生まれた二人の子どもたちを思う通信を送っています。

僕は貴女に望むのは(これが初めてゞあるが)素直で飾り気のない(外面的ではない)娘で

あってもらいたい。娘と云ふのはあくまでも純情でしとやかさはその心にあり、如何なる苦難にもじっとこらへられる素養を持つ。理窟のない所にその良さを現はしてもらいたい。きっと現在は僕の望んだ侭であろう。だからその侭であってもらいたい。他の感化を受けてもらいたくない。かく僕は願って居る。愛とは信ずると云ふことである。故に貴女の眞心は限なくうれしい。幸福である。永劫を祈りつゝ。挙手。（1939年2月）［24］

昨十五日に第二信、第三信、第四信を一挙に落手せり。第二信の知子の写真とっても可愛く撮れてあります。見違へる程の発育振り、その苦労の程感謝します。制子もよく肥えて元気そうで嬉しいです。中略これからの子供は親や家の自慢に育てるのでは無く国の為に育てるのです。決して親の好みの盆栽育てをしてはいけないと思ひます。中略。何事もよき父よき母ありと何んの心配もなしに御奉公出来る自分は幸せだと感謝します。（1944年8月）［79］

内地からの便りは順調に落手致して居ります。制子、知子、共に空気のよい日光の好い所ですく〳〵と伸び育って居るだろう。一度抱き上げてやりたい衝動に駆られる時がある。だが今ぞ決戦時であるから、皇国浮沈の鍵は今にある秋、吾人等はちょっと御玉杓子の尾が切れとうには無い事だ。此れからだよ。まあその積りでしっかり頑張ってもらいたい。こちらからの便りはついずぼら勝だがそちらからは今の調子でどし〳〵頼む。低調な便りを書いた様だが気分は陽気だから安心してもらいたい。（1944年11月）［86］

家族や親族の平穏を願うこととともに、瀧本さんの心を去来したのは、郷土と自身の子ども時代のことでした。村の夏祭りや咲く花のこと、大阪市の勝山通り（現生野区）や四天王寺界隈の様子など、なつかしい思い出にペンを走らせていますが、書きながら心休まる思いがしたことでしょう。

すっかり夏に成ってしまひそうだ。夏祭の笛や、太イコの想ひ出が僕の今の頭の中でさはいでやがる。子供の時は正月より待遠しかった。こんな事想ひ出すなんて全く他の戦友には済まん気がするが許してもらふことにする。今それをやりたいと云ふんじゃないからなア。中略君はお祭りたって見物の方だろう。お祭りの中の人になってみたくないかい。それは面白いぜ。なんとなしに自分の事でさはいでるみたいな気がしてネ。思へば馬鹿見たいだが。僕にとってのお祭は裸祭りと異名ある如く、褌一つでさはぐのだ。僕の村（字）は他の村に比べて地車だから太コ見たいに安ぽくないから鼻高々だ。それだから学校でも大いばりだ。それだからよけいにお祭は嬉しかった見たいなもんだ。そしてお宮さんは僕の村（字）にあるんだ。なんといってもお祭は神立からと云ふ感だった。十二ヶ字の頭みたいだ。万歳、万歳、うれしいネ。

然も花の字だ。一番高い所にある。その上に市内からも沢山お参りのある水呑地蔵さんがあるんだからネ。なんでも一番だ。子供心のこの自惚れのおそろしさ。笑ふなよ。（1939年7月）［37］

勝山通りは僕にも想ひ出があります。そうだ僕も12才頃からよく行った所だ。お勝山の附近に今の様に家が建ち混んで居ない頃だ。よくあの山の頂にのぼって日本生命の人達の野球を見たり、姉さんの義弟（今上海から海南島を転戦して居る一等水兵）とよくケンクワをしたりしたものだ。それで居ながら僕は天王寺へはお参りした事がない。鳥居だけは市電やバスの中から見たくらいのもの。だからインチキ店も知らない。泥臭いクリーク（運河）は特に記憶が深い。姉さんとこが材木屋であったからでもある。明月で油揚やのおバチャン忙しかったやろう。オバチャンとこの油揚部厚ウテ揚切ってないよって仲々ウマイワ。（1939年10月）［53］

（3）慰問品と銃後のくらしへの関心

家族からだけでなく見知らぬ人たちから様々な慰問品が送られてきたのもうれしいことでした。ただ、慰問品について不満を述べるのは兵士の手紙に共通した特徴のようで、瀧本さんも送られてきた慰問品について感謝するとともに、今から遠慮なしの慰問袋の批評やら注文やらを書かしていたゞきます。——蒋介石遊びは戦友達のメンタルテストにもってこいの道具です。食事もせず考へ込む熱心なのもあります。旗や、人形、ザウリ、真綿（これはひっかかって困ります）、先のオジャミ、今度の羽根等は持つに困り遊ぶにもちょっと困る種類の物で、兵隊は常に何にも持たざるが一番便利なのです。その意味で最初〝慰問品は結構です〟と云った訳です。我々は何時何処へ行くか解りません。その点食料品等は使用し尽し消化出来得る物は大変結構です。その為ほしい本等でもちょっと手を出しかねます。（1939年1月）[19]

などと書いていています。

こんな憎まれ口をたたきながら、けっこう新聞や本などを送ってもらっていて、それによって社会や経済の動向を知ることもまた瀧本さんにとって生きる支えになっていたようです。配給制実施、電力使用制限、白米禁止、男子禁制職業制定、疎開など、国家総動員体制下の国民生活の変化にふれ、銃後（戦線の後方である内地のこと）のくらしを案じています。

其后電気問題はどうですか。明滅と云ふ言葉通り一向にはっきりしませんが。調整令が布されたとか、新聞流行語の伝家の宝刀ですかね。有るが故の不便を大切に味はされた様子ですね。有るが故の不便と云ひましたが、けっして文化を無用の長物とも又その文化を疑懼したんでもないです。唯有った物が無くなったと云ふ至極単純な事柄である。有る物が無くなる又使用出来ないと云ふのである、それが問題だ。形有る物は壊れ生有る物は死す。これは大宇宙自然の原則であり定理である。有る物が無くなる、この一事に直面したならこれ程痛大な衝動を受けることは他にあまり比がない。即ち通り一片の至極当然な事ではあるが、その事実に於ては大きな影響である事がこゝに於て明らかである。ずっと以前にも云った事ではあるが、自分は未だこの有るが故の悩みと云ふことをいつも想ひ出し判然な解決を得ない。中略いよ〳〵国民服が決定しましたね。ポケットが中々多いから便利の様ですね。●でも入れて歩くには。自分達の様に煙草の喫む者はもってこいです。その代り骨折れるのはスリ商売だろう。僕の様な健忘症の狼狽屋はチョト用心せんといかんと云ふことになる。今の所そんな心配無用かもしれんが。（１９４０年2月）［67］

ビルマでは内地の新聞を手に入れることができなかったようで、「面倒でも新聞のニュースで興味のありそうな事でなんでも結構だから通信をお願ひ致します」［84］と書き送っています。

(4) 戦友との交流

歩哨や警備の合間、営舎で暫くの間くつろぎながら戦友と語らうのも、瀧本さんにとって心の支えとなったことでしょう。つぎのような詩的情景を記した手紙が残されています。

夕暮の色はとっても美くしい。とても深くて複雑な色を呈して居る。広い空はコバルト色で次にはオレンヂ色がだん〳〵に濃くなってバラ色が混って来てそれが濃くなり次は赫色となって黒い山がある。その山のコーナーが又とても急でしかも空との限界がはっきりして居てずっと見巡ると地平線が現はれる。いつ迄も〳〵それを眺めて楽しみながら室にもどると、室はやがて薄墨を流した様な黝い影の夜がしのび寄って来る。僕の頭の中心の瞼には見とれて居た夕暮の空が懐しい物にでも別れた様にとめどもなく心の奥底に迄滲み込む様に思ひ出されて来る。某上等兵がいつの間にかランプを持来たりて点火した。室一ぱいにその光が拡がると暗は隅の方に追ひ込まれる様で、僕の心も黝い影がさっと消えるが如く又新らしい想ひ出が心の隙間からぢり〳〵と火の燃える姿で現はれはじめた。戦友達は幾組かに寄集まって女房自慢や郷土のうはさ話に余念がない。その四方山話に不思議な程室が静かな感じになって僕もさっきから、さあどれくらいねそべってさま〴〵な空想を、楽しい想ひ出を繰返したか。はっとした時には、戦友達の話声が止んで点呼に整列して居た。……さあ僕は何を想ひ、誰を相手にしていたか。思ひふけって居た僕のその時の楽しさがそれより以前にもその後にも暇ある時には繰返されて居ることであろう。（1939年2月）［22］

また、つぎの手紙には、軍隊生活のささやかな楽しみに気を紛らわす兵士たちの情景が描かれています。

今日は紀元の佳節である。自然の神も心し給ひしか、固くとざされたる如き氷塊も春の日の温みを受けて解け出した。我等の心の氷も解けた様に今日はなにかしら楽しく胸がわく〳〵して居る。（中略）今日下給された薬がそろそろ効目が見えて来て面白い唄声や劇しい仕草や荒い口調等が起って居る。日常張切った心を和らげるこんな時の酒はなか〳〵重宝な物だ。僕の様な下戸はアンパンでも喰って手紙を書く。それが愉しい。梅原も甘い物食いたいか、さっきから〝酒保いかんか〟と尋ねに来て居る。書いて居る手紙をのぞき込んで冷笑して帰って行った（自分の室へ）。将棋はあんまり強いので（相手が）相手なし。囲碁は知らんので云はずとしれん、天下一。唄でもうたってやろうか、それも下手。莨でも喫って何をしようか考へよう。（1939年2月）［23］

(5) 生きようとする意欲

いつ死ぬかもわからない状況に置かれながらも、いやかえってそうであったからこそ、「となりの戦友は朝起きるといつも夢の話をします。夜になると自分はふるさとへ帰って居ると云って笑ひます。その言葉に自分も同感です」(1938年11月)[13]とあるように、生きたい、生きて帰って家庭をもち仕事をしたいという願いもまた、瀧本さんには強いものがありました。

脚気を併発して、「僕の病院生活もエライマンマン的になってしもうたもんや。丁度昨年の今日奉天に到着したのだった。もうすっかり満洲の人になり切った様に別段日々異様な感じもなくなってしまった。エトランヂーの感じが遠くなってしまった」とこぼしながらも、「いつかも書いた様にほんとに君が二十三になってしまふナ。仕方がない。これも大東亜の建設の為だ。帰ったら又一年自分の建設をしなけりゃならん。公私共に大いなる苦難が待って居る。大いに援助と慰安を君に待つ」(1939年10月)[54]と、兼子さんと苦難をともにしながら二人で新しい家庭を築く抱負を書いています。

仕事のことでは、もともと園芸学校の卒業生で、宝塚植物園に就職していたことから、帰ってからも園芸方面の職に就きたいと願っていました。

園芸も自分でやるとなると大変な資本が必要だからなア。それにとても人手が繋るしね。それに僕はもう少しどこか研究出来る所へでも入って公園でも構はんが勉強したいと思ふ。君と二人で居る機会が少なくなるが又い、もんだぜ。どうしても園芸は自然相手だから経験を積んで置かなければ失敗が多いからね。ところが又そんな公園の様な研究の出来る所へは入れないからね。営利本位の所へは直ぐ入れるがね。駄目だ。難しいもんや。（1939年11月）[56]

この手紙は、「満州国」の東安陸軍病院入院中に書かれています。病気が治ったらまた苛酷な軍務と、死に直面する毎日が待っているなかで、勉強したいという希望を綴っている、その前向きな姿勢が印象的です。園芸という専門的な技能を学び、それをもっと深めたいという瀧本さんの抱負は結局実現しなかったのですが、当時の若者の、自分の進路を無理やり国家によって断ち切られた無念の思いを想像することができます。

3、占領地での民衆へのまなざし

「満州国」にしろビルマにしろ、日本軍は支配者でした。瀧本さんもその一員として、現地の人々に一目置かれる存在だったにちがいありませんが、現地の人々にむけるまなざしはあたたかいものでした。

秋に入って雨が盛んに降り出した。乾き上って白い土煙を上げて居た沃土も雨を吸ひ込んで黒々しくなった。馬車（マチョー）が大きく揺れながら黒土に深い大きな跡を印しつゝ二頭の馬に引かれて行く。禦夫は「イーイー」「チャチャ」と変なアクセントでこれを追って行く。山と積れた収穫を見るとなんだか昔日の苦労を返り見て今日の歓喜を、圧へ難い色を面にみなぎらせて居る。平和な姿と思ひます。なんと平和な姿でしょう。（1939年9月）［49］

ビルマからのはがきにも、「現地人の田植時でとても忙しそうに働いて居ります。その光景は内地のそれと何等変らないのは嬉しいです」（1944年11月）［83］と書かれたのがあります。高安村で生まれた瀧本さんにとって、農作業にいそしむ農民の平和な姿への共感を読み取ることができます。

また、つぎのようなはがきもあり、これらには、当時多くの日本人が抱いていたであろう「アジアの諸民族＝劣った人種」と蔑視するまなざしを感じられないのが特徴です。

自分も益々健在にしてこの土地の気候風俗にも慣れて参りました。言葉もシデー（有リマス）ムシブー（有リマセン）トアデー（行こう）と云った具合で親しんで来ました。現地人は総て手掴みで御飯を食べます。又跣足で歩きます。跣足は雨が降ると我々もそうしたい気持になりますが、彼等の如き強健なる足では無く、とても模倣は出来ません。午になって暑くなるとシャツやタオル（内地では赤ン坊の湯上りに使用する）等総て手に持たずに頭に巻き付けて歩きます。前述のタオルは上衣代りともなり毛布代りにもなり水浴の時に体を拭ふにも使用する便利なもので、台所と云っても煉瓦二個と鍋一個、皿、銀製の湯呑ぐらいの物です。家の内も竹製の行李があるくらいのものです。女が朝早くから「マスイモナモチジョト〳〵」と売りに来ます。（1944年6月）［75］

このほか、満州からは、冬にはノロの大群が疾走し［28］、夏には名も知らない草花によって埋め尽くされる［34］大高原の雄大な光景を描写した手紙や、ビルマからは熱帯地方の自然や風習の物珍しさを記したはがき（［69］［75］［76］など）を送って来ていますが、これは、出征という特別な状況でしか海外に赴ける機会がなかった、民衆兵士たちの軍事郵便に共通するもので、異文化に出会った驚きを表しています。

4、おわりに

瀧本二三男さんの戦地からの手紙やはがきにどんなことが書かれているかをいくつかの観点から紹介しました。そこには、二〇代の若者が「皇軍兵士」として戦地に送られ。苛酷な環境から病に苦しめながらも、天皇制軍国主義教育でつちかわれた信念のもと、家族への愛と戦友との交流によって支えられながら軍務に励む姿が浮き彫りになりました。

その一方では、上海戦線で九死に一生を得た体験を思い起こしながら、死の恐怖を乗り越えて、生きて還って好きな園芸の仕事に復帰したいという意欲もまた、書かれているのが胸を打ちます。

軍事郵便の限界がもっとも感じられるのは、日本軍の侵略軍としての描写が欠落している点です。

「満州国」は日本の事実上の植民地で、ゲリラによる反日武装闘争が粘り強くたたかわれましたし、ビルマでも、当初は、イギリスの支配から解放してくれると日本軍を歓迎した人びとは、占領者としての日本軍の本質が明らかになるにつれて、独立闘争が展開されます。

占領地の人々にとって抑圧者、加害者であった日本軍の一員であるという自覚や、被抑圧民族である現地人の動向は記されていません。「ビルマの子供達は今一生懸命に日本語を習って居ります」

[74]と書かれていますが、「大東亜共栄圏」の一部として、支配者の言語を強制されたビルマの人々の屈辱感は読み取れません。

一方、戦争の悲惨さという実態も、ビルマからのはがきには書かれていません。インパール作戦は、険しい山岳地帯を敗退するなかで多数の兵士たちが餓死するという悲惨極まりない作戦でしたし、作戦失敗後のビルマ戦線も、苦難に満ちた戦場でした。

軍事郵便の限界とは、加害行為を自ら行ったか、他の兵士が行っているのを見ながら書けなかったということだけでなく、加害の実態が見えなかった、あるいは見ようとはしなかったということをも意味します。ビルマ戦線の悲惨な状況は、見えなかったのではなく書けなかったということだと思いますが、これも軍事郵便の重大な限界といえるでしょう。

ただ、救いなのは、現地の働く民衆を見る瀧本さんの目があたたかく、かれらにたいする蔑視観や優越感が見られない点で、これは特筆すべきことだと言わねばなりません。

以上、瀧本二三男さんの家族に宛てた手紙とはがきを読み解き、論点を整理して紹介しました。手紙に書かれたことのなかで、青年期特有の恋愛観・人生観や、女性の社会的地位をめぐる考え方などについてふれることはできませんでしたが、結論的にいえば、瀧本さんの手紙は、軍事郵便の限界はありながら、徴兵によって日常のくらしから強制的に切り離された青年が、死地に置かれた苛酷な状況のなかで、どんなことを考えていたかを知ることができる貴重な記録といえるでしょう。

「戦争をする国」へ戦争法が実際に具体化され、憲法9条を改悪しようという企てが激しさを増している今日、こうした軍事郵便を掘り起こし深く読み取っていく作業は、戦争の実相を考え、平和を守る大きな力となるように思われます。

※1　徴兵検査では、身体検査が行われ、合格者は、体格体位の優秀なものから甲種・第1乙種・第2乙種とされた。この順にくじ引きで選ばれた者が兵役に徴集された（現役）。くじは、合格者本人が引くのではなく、市町村長が選定した代理人が徴兵官立ち会いのもとに引いた。このほか、現役には適さないで国民兵役にあたるとされた丙種などの分類もあった。日中戦争開始の頃までは、現役徴集兵は、徴兵検査の受験人員の4分の1程度であったが、しだいにその差が縮まり、１９４４年には徴兵年齢が1年引き下げられ満19歳も徴集されなど、根こそぎ動員されるようになった。大学生は、27歳まで徴兵検査が延期される特権が認められていたが、１９４３年9月には文科系についてその特権が廃止された。

※2　瀧本さんが派遣された密山県・虎林県や、入院した陸軍病院のあった東安市は、ソ連沿海州の要地ウラジオストック北方の、「満州国」東部国境地帯に位置する国防上重要な場所で、国境守備隊が配備されていた。日本軍は、ソ連との戦争に備え、中国人を強制労働させて、国境沿いに17の軍事要塞を築いたが、そのうちのアジア最大と言われる東寧要塞が近くにあった。

※3 兵役法の規定では、現役兵は2年の期間が終わり満期除隊すると、予備役とされた。予備役の期間は5年4カ月で、現役と合わせて常備兵役とされた。予備役を終えると後備兵役とされ、期間は10年であった。現役徴集されなかったものは第一補充兵役とされ（12年間）、予備役・後備役と合わせ、これらは在郷軍人とよばれ、軍隊が平時編制から戦時編制に移るとき（動員という）、平時よりはるかに多くの戦時定員を充足するための、また、多数にのぼる戦時の死傷病者を補充するための要員とされた。この場合は召集とされ、召集令状は「赤紙」とよばれた。瀧本さんがビルマに派遣されたのは、必要に応じて臨時に在郷軍人を召集する臨時召集に応召したためである。

※4 1941年12月8日、日本軍はイギリス領マレー半島に上陸し戦端を開くとともに、ハワイ真珠湾のアメリカ軍基地を奇襲攻撃して、戦争を東南アジアと太平洋地域に拡大した。イギリス軍は、当初植民地兵を主とし油断していたこともあって後退をかさね、日本軍は、翌年2月にシンガポールを占領するなど、開戦後わずか5カ月で、赤道を越えたラバウルからビルマにいたる東南アジアの全域を支配下においた。しかし翌6月のミッドウェー海戦で日本軍は多数の軍艦・航空機を失うとともに、1943年2月までのガダルカナル島における戦いで多数の戦病死者・餓死者をだした。これらはアジア・太平洋戦争の帰趨に重大な転換をもたらすとともに、ヨーロッパ戦線でも、スターリングラードのソ連軍が総反攻に出て1943年2月ドイツ軍に深刻な打撃を与え、第2次世界大戦の戦局の転換点となった。瀧本さんが召集されたのは、アジアでもヨーロッパでも反ファシズム連合軍の反転攻勢へ戦局が推移した時期だったのである。

※5 インパール作戦は、1944年3月から7月にかけて戦われた、軍事的には不要で不可能な作戦だった。連合軍の本格的なビルマへの反攻が開始されつつあったとき、日本軍は、逆に無謀なインド侵攻作戦として、インド東北部のインパールの占領を企てたが、イギリス軍・インド軍の反撃によって失敗した。約9万人の将兵の多くは雨季のビルマ山中で孤立し、敵の追撃うけつつ退却するなかで、飢えと病気で力ついてばたばた倒れ、道も密林も河川もその死体と白骨でうずまった。死者は3万人をこえ（その6割は餓死・病死）、傷病者は4万人に達した。この作戦の失敗によってビルマ戦線全体が崩壊してしまった。

第15軍隷下の第15師団・第33師団（北方コヒマ攻略に第31師団）がインパールを攻略し、瀧本さんの部隊は兵站を担当したが、その後は、北ビルマに配備された第33軍に所属して、5月から、激しくなった連合軍の反攻にたいする各種作戦に参加した。インパール作戦の死者を含め、アジア・太平洋戦争の敗戦まで日本軍の軍人・軍属の死者は230万人にのぼった。

※6 兵長は、兵の最上級の階級として、1940年上等兵の上に新設された。将校（士官）と兵との中間にある階級を下士官といい、伍長は下士官の最も下の階級である。

※7 日清戦争に際して、「軍事郵便規則」が制定され、政府省庁間の公用郵便に加え、戦場にいる兵士が内地の家族や友人などに宛てた私用の郵便の取り扱いが始まった。日露戦争時に制度が確立し、

1946年に廃止されたが、その間、戦地と内地との間で取り交わされた軍事郵便の数は、日清戦争の段階でおよそ内地から706万通、戦地から533万通、日露戦争では飛躍的に増え、発信が2億2448万通、到着が2億3464万通とされている。アジア・太平洋戦争ではこれをはるかに上回る数の軍事郵便が送られたと思われるが、詳細は不明である。軍事郵便を読み取るにあたっては、検閲というプレッシャーがあるため、具体的に記された文面だけで単純に理解せず、背景や意味を深く読み取ることが必要である。

※8 兵隊生活の実体験者の手記を読むと、一般兵に給される食事は大変貧弱だったことがわかる。一般の兵士は、アルミの食器に、漬物一切れがのった盛切りの飯、味噌汁か煮付もの、お茶の3品しかなく、下士官はアルミ茶碗だが、飯は山盛り、漬物は別に三切れと味噌汁か煮付ものとなる。それが将校となると、陶器製の食器に、蓋付きの丼に入った飯の他、おかずが一般の兵より3品多い。量やおかずが粗末で腹のすく兵には、将校の3品のおかずは羨ましいものだった。軍隊における階級差別の厳格さがよく現れている。

※9 「軍人勅諭」は、1882年明治天皇から軍人に下賜されたもので、軍人が守るべき徳目が記されている。日本の軍隊は「天皇の軍」であるとし、上官の命令を天皇の命令として絶対化していること、死に対比して忠義の価値を絶対化して、命をいちじるしく軽視していることなどが特徴である。初年兵は、「軍人勅諭」を暗誦できることが求められた。「教育勅語」は、教育の基本方針として1890

年に出されたもので、天皇が臣民にたいして、忠孝の道徳を中心に説きつつ、戦争になれば、天皇制国家に命を捧げることを求めた。政府は、天皇・皇后の写真とともに、「教育勅語」の写しを全国の学校に交付し、学校では、祝日とされた四方拝・紀元節・天長節・明治節の儀式だけでなく、卒業式や始業式、学校記念日など、子どもにとって身近な祝賀行事においても、校長が読み上げ、職員・児童にその要旨の徹底をはかった。

資料① 瀧本二三男さんの従軍歴

〔1916年1月23日 大阪府中河内郡高安村（現八尾市）に生まれる〕
〔1934年3月 大阪府立園芸学校を卒業、宝塚植物園に就職〕

1936年		徴兵検査で甲種合格
1937年	1月10日	第11師団歩兵第44連隊（高知）機関銃中隊に入営（現役兵）
	7月10日	一等兵になる
	8月17日	第44連隊第2機関銃中隊に編入、上海戦線に参加
	8月28日	重傷を負う（この時瀧本鉦馬氏戦死）
	9月27日	内地に送られ広島陸軍病院入院
1938年	3月20日	高知陸軍病院へ転送
	6月20日	退院、第44連隊機関銃中隊に編入
	9月26日	歩兵第44連隊第1機関銃中隊に編入、中国東北部（満州）に派遣される
	10月14日	奉天到着、駐屯
	12月1日	上等兵になる
	12月15日	密山到着、同地付近防衛
1939年	7月	密山第一陸軍病院入院（兵籍簿に記載なし）
	11月15日	東安第一陸軍病院退院
	12月10日	虎林到着、同地付近防衛
1940年	3月5日	内地帰還、同月9日除隊

〔1940年10月27日 瀧本兼子さんと結婚〕
〔1941年6月21日 制子さん、1942年7月7日 知子さんが生まれる〕

1943年	6月19日	臨時召集により第4師団歩兵第61連隊に応召、第53兵站地区警備隊第3中隊に編入
	10月8日	ビルマ（現ミャンマー）に派遣され、ラングーンに上陸
	10月14日	第15軍司令官の隷下に入る
	12月8日	インダウ到着、同地で警備並びに兵站業務に従事、その後各種作戦に戦闘参加
1944年	5月4日	第33軍に配属、各種作戦に伴いインダウ付近の警備に従事
	12月1日	兵長になる
	12月17日	ビルマ方面軍野戦貨物廠に転属、各種作戦に参加
1945年	8月15日	第118兵站病院に転属
	9月1日	モールメン県トクに移駐、兵站病院開設業務に従事
1946年	3月1日	伍長になる
	7月8日	モールメン出航
	7月25日	宇品上陸、翌日召集解除

「満州国」略図

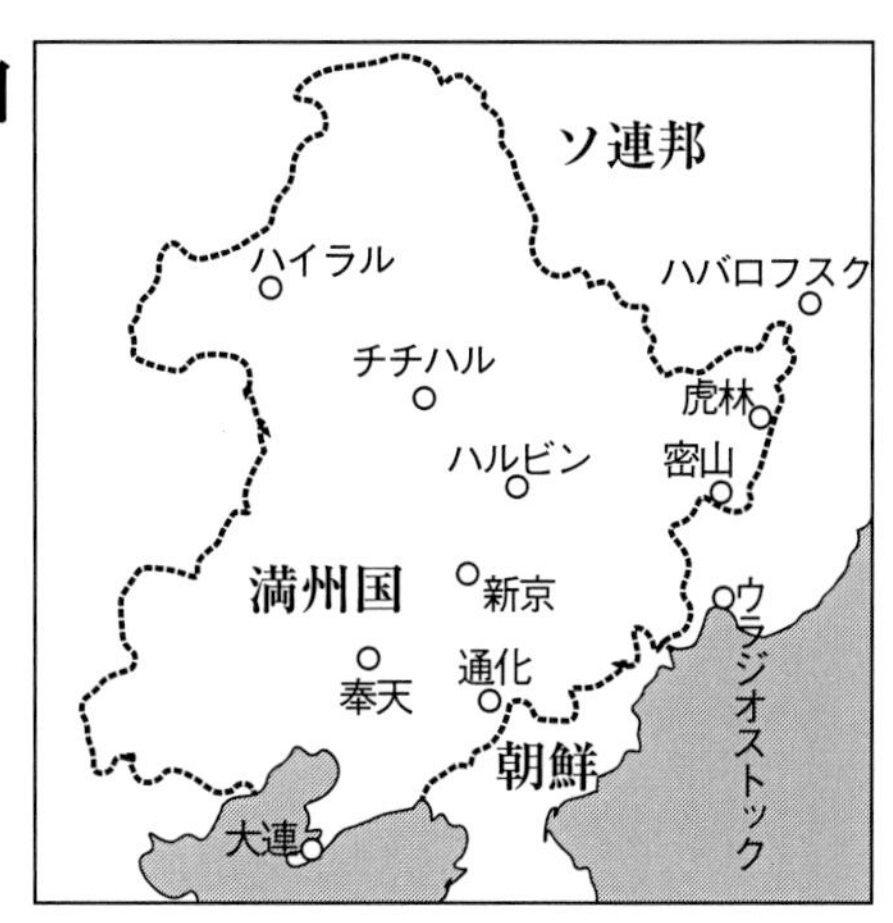

ビルマ略図（1942 年当時）

ビルマと日本の位置図

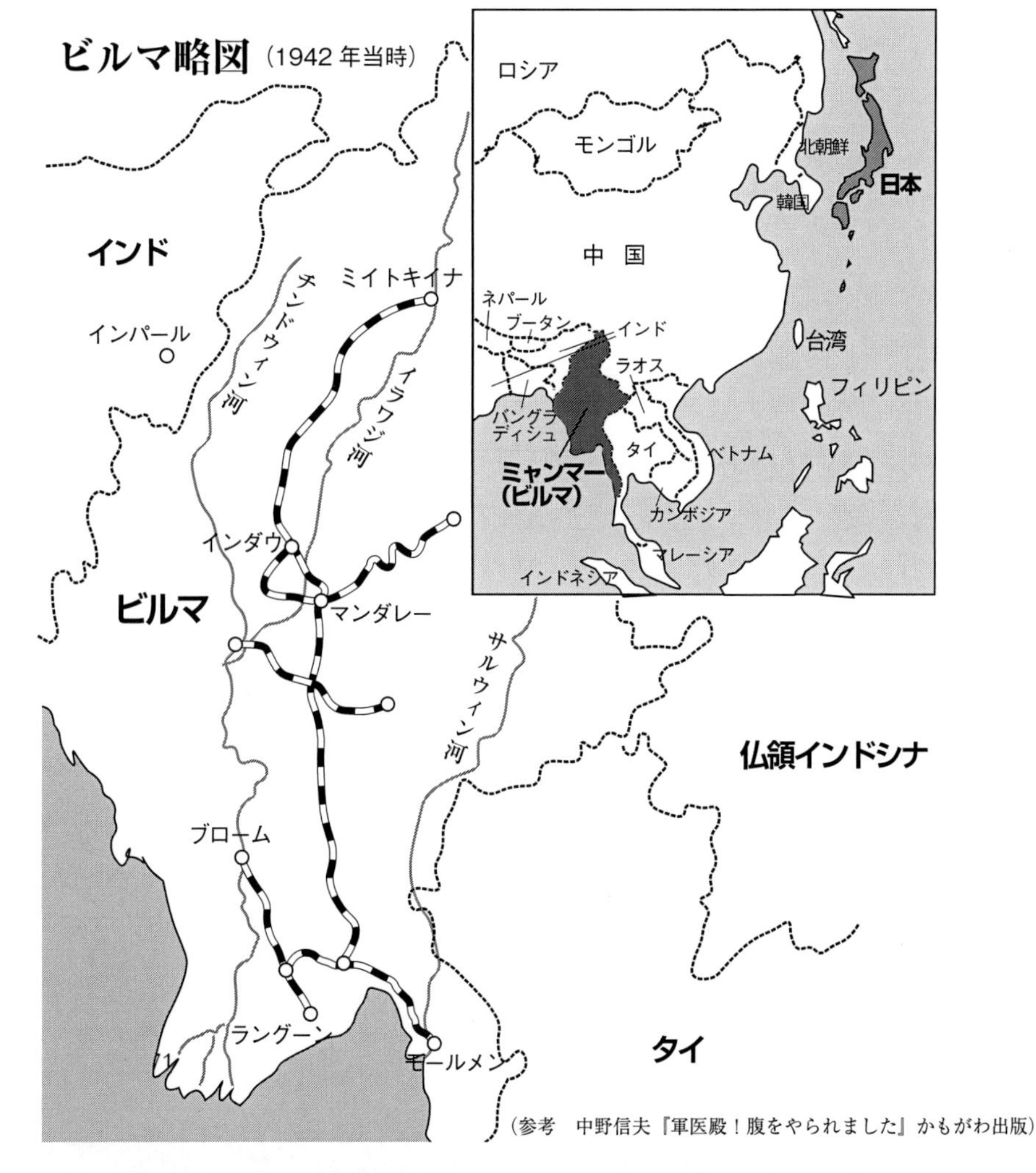

（参考　中野信夫『軍医殿！腹をやられました』かもがわ出版）

資料②『サンデー毎日』昭和12年11月15日号臨時増刊
「支那事変　続皇軍武勇伝　付銃後美談」

（編者注―この記事には、「天皇陛下万歳！」という兵士の言葉がしばしば記されるなど、天皇制軍国主義を称える表現が含まれていて、本書出版の企図からはずれるが、瀧本二三男さんの苛酷な戦場体験をうかがうことのできる資料として掲載した。旧漢字を新漢字に改め、適宜ルビを付した以外は、原文のまま。）

傷つける身で十九日間
金櫃（かねひつ）を死守　忠烈！上海戦線における歩兵四勇士

「揚子江々岸に敵前上陸を敢行したわが部隊は、廿六日から約四十時間にわたる激戦の後、廿八日正午、敵左翼方面の拠点たる羅店鎮を完全に占拠した」―廿八日午後・当局発表―

この上海新戦線の空が、八月廿八日夕暮近く、はげしい雷雨となった。

耳元で、砲弾がすさまじく炸裂するようなショックをうけて、戸梶利春一等兵は、ハッとわれに返った。何時間も眠ったのだろうか。戦ひはすでに終ってゐた。彼を呼び覚したのは雷鳴だった。血に染った土の上を雨水が瀧のように流れてゐる。砲火にやけたゞれた江南の空を、幾日ぶりかの雨が、戦争を洗ひ流せとばかり、すさまじく降りしきる。

戸梶一等兵は身体を動かさうとした。腰から下へはねかへるような痛みを感じる。足をやられてゐるのだ。動けない。

和知部隊の羅店鎮攻撃は廿八日の夜明けを待って、総攻撃にうつった。劉家宅をすぎて昌家橋クリークの付近で、第一線が、敵の主力と、最もはげしく打つかった。潰走する敵を追うて突撃すると、クリークの西側から、敵の新手の大部隊が猛烈な銃火を浴びせて来た。

「突撃!突撃!」

部隊長のはげしい号令を何度も聞いて、戸梶一等兵は、走りに走ったのを覚えてゐる。バタ〲と幾人もの友軍が倒れたのを覚えてゐる。最後に自分が倒れたそれからは何もわからなかった。

『サンデー毎日』昭和12年11月15日号

全身をグッショリとぬらした雨の水が急に冷たくこたへはじめた。身体を動かさないで、顔だけであたりを見回した。未だしっかりと銃剣を握ってゐる左手に気づいた。稲妻のたびにその穂先が鋭く光る。

「友軍はどうしたんだろう」

彼が倒れてゐるのは、真黒に濁った泥田のなかだった。他にも幾つか、人影が横たはってゐるが、敵か、味方かわからない。彼は、も一度銃剣をしっかり握りしめて、じっとしてゐた。

四人の負傷兵

雷雨が去って、間もなく夜が来た。昼間の灼(や)くような暑さにひきかへて、夜はもう秋が冷く忍んで来る。

敵の逆襲がはじまったのだろうか。砲声が間近いところで聞える。

執拗な砲声がやっと鎮(しず)まると、傷がはげしく痛みはじめた。まんじりともしないうちにもう東の空が白い。暁の光りのなかで見ると、間近いところに倒れてゐる兵が動いてゐるような気がする。味方だ。

「オイ！」

同じ部隊の宮崎豊一等兵だ。

「生きてゐるのか！」

向うも動けないらしい。やっと頭をもたげた。とたんに、ヒュンと鋭い小銃弾が飛んだ。

「危い、敵がすぐ近くにゐるのだ！」

しまった！ねらはれたのかな、と思ってぢっとしてゐたが、あとは来ない。流弾だったらしい。宮崎一等兵は匍(は)ふようにして近づいて来た。

朝が明けて、やうやく地形がはっきりして来た。南の方、五十米(メートル)ぐらゐにクリークがある。昨日、最もはげしかった昌家橋のクリークらしい。よく見ると、クリークの西側に人影が見える。随分沢山ゐる。味方ぢゃない。

敵の大部隊だ。このあたりは、味方が確保してゐる第一線から、三角形に敵の最前線へ突出してゐるのだ。こんなところにぢっとしてゐたら、友軍が来るまでにやられてしまふ。敵に、さあ射って下さい、と目標をさらしてゐるようなものだ。それにしても、二人とも百米とは動けさうにもない。

「何か援護物はないか！」

「あすこに樹の切株がある、あすこまで匍ってゆかう」

楊の木が一本、無残に吹きちぎられて、根元だけになってゐる。墓場らしい。いろんな形の碑が、崩れて散らばってゐる。ヂリヂリと丸太を引きずるような努力で、二人は匍って行った。

誰か生きて、そこにゐるぢゃないか。

山下友信上等兵と、清水二三男一等兵の二人だ。四人は匍ひ寄った。涙を流して、手を握り合った。みんな同じようにひどい傷だった。誰一人満足に起き上れる者もない。

お互いに仮繃帯で傷の手当てをしあった。山下上等兵は、左の大腿部を小銃弾で貫通され、右脇下にも盲貫銃創をうけていた。

戸梶一等兵は、右大腿部のひどい盲貫銃創だった。

宮崎一等兵は、右大腿部の銃創で腰部を骨折してゐた。

清水一等兵は、右の肩と左の腰を砲弾の破片でやられてゐた。

金櫃を発見

二日で水筒がすっかり空になった。乾パンもなくなった。もう食べるものは何もない。友軍の姿は見えない。夜となく、昼となく、つゞけさまの銃声で味方のゐるところは見当がつくのだが、身動きの出来ぬ四人には、それを知らせるすべもない。クリークの向こう側にいる敵に悟られゝばそれでお終ひだ。

「もう駄目だ、友軍は来ない、クリークを超えて敵のなかへ飛び込んでやろうか!」

清水一等兵が焦々(いらいら)して叫んだ。

「馬鹿なことを言ふな、そんなことは犬死だ」

「何か食べるものを探さう」

「水がほしい、水がほしい」

夜になって山下上等兵と、宮崎一等兵とがゐざるようにして、付近を探し廻った。

クリークに近づくと、敵、味方の屍が算を乱して、倒れてゐる。水筒や、乾パンを集めた。

右手でしっかりと鞄をだいて倒れてゐる将校の亡骸を見つけた。名誉の戦死をとげた恒岡部隊の清水主計だった。

「あッ!金だ」

清水主計が、死ぬまでしっかりと離さずにゐたのは、恒岡部隊の数万円を収めた金櫃だ。

その夜、四人は再びしっかりと手を握って誓った。

「われわれは、この金櫃を友軍に届けねばならぬ。是非生きよう。生きてこれを護らう」

夜襲のはじまった赤い空を仰いで、四人は、何か肉体を超越した強い力が、身体中を走るのを感じた。

水筒の水がなくなって、まる三日たった。生米をかじり、泥田の水を布ですくって吸うた。

遠くのはげしい銃声は、一日一日と戦線の展開してゆくのを教へたが、友軍の姿は未だ見えない。クリークの敵は相変らず頑張ってゐる。

四人には、日付を算へる力がなくなってゐたが、八月が終わって、九月に入ってゐた。

戦局がどういふ風に動いたのか、はげしい砲弾が来はじめた。五十米と離れぬクリークの水をはねあげて、何度も何度も、炸裂した。やがて、こんどは、無気味なうなりをたてゝ、頭の上をとびはじめた。小銃弾の来ないのが、まだせめてもの幸せである。

「おい、何か書くものはないか」

友軍はつひに間に合わぬかも知れん。遺言しておこう、われ〳〵四人が、天皇陛下の赤子として、御国のために立派に死ぬんだといふことを書いておかう。

清水一等兵の持ってゐた小さな赤革の手帳を貰って戸梶一等兵が、鉛筆をとった。

扉に「利春書」と書いた。四人の名前をつぎ〳〵と書いた。

そして「天皇陛下万歳！」と力を籠めて書いた。四人が声を合せて、力強く、低く「天皇陛下万歳」と叫んだ。

残った最後の乾パン半食分を、四人は分け合って食った。貧しい、しかし何といふ美しい最後の晩餐だらう。

泥田の水を水筒にすくってのんだ。真黒に濁った、血のまじった水だ。

夜半からまた、はげしい砲撃がはじまったが、抱き合って傷の痛みをこらへた四人には、どうやら無事にまた次の朝が訪れた。

昼は灼くような暑さ、夜は絶え間のない砲声、飢えと渇きと、傷の痛み、もうこんな日が一週間経った。

しかし、四人の命脈は未だつきない。

「天皇陛下万歳」と、何度も何度も、手帳に書き、何度も何度も、声を合わせて叫んだ。

連日の炎天で、泥田の水は乾き切ってしまった。もう泥水も飲むことは出来ない。

暁の草の露をすゝって僅かに渇きをしのんだ。

「水がほしい、水だ〳〵」

四人は、傷の痛みを忘れてうなった。

もう仕方がない。危いけれども、クリークの水を汲みに行くよりほかに生きる途はない。

やっと身動きのできるようになった戸梶一等兵が、一寸きざみ、五分きざみに匍ひながらクリークに忍び寄った。敵の陣地からは、白い煙が上ってゐる。飯の仕度だらうか、煙草だらうか。死ぬような欲望で頭が狂ひそうだ。満身の力をこめて思はず起ちかゝった。敵の鉄兜(かぶと)が一つこっちを見たように思った。ハッとわれにかえって身をちゞめたが、幸ひに見つけられはしなかったらしい。

やっとクリークに匍ひおりた。ブク〳〵になった敵の死体が幾つもういてゐる。空ッぽの腹に、グッと吐き気を催したが、眼をつぶって、水筒に水を満たした。飯盒（はんごう）にも入れた。皮を張ったように汚れたクリークの水が、ブク〳〵と泡をたてた、その水を飯盒に二杯も飲んだ。

敵兵近づく

七日目の夜、敵兵が二人銃剣を光らせながら、クリークを渡って、こちらに来るのを見た。四人は息をのんで拳を固めた。

「いよ〳〵来たナ」

四人の手には、ピストルが三挺あるだけだ。敵兵は何か小声で語りながら、クリークの岸で此方を見廻してゐたが、何も気づかぬらしく、またクリークを渡って帰った。四人は、助かったのだ。

こんなことがあったので翌朝、ピストルの弾丸を調べた。三百発あった。百発づゝ三人に分けあった。

「いよ〳〵といふ時には、射てるだけ射って、最後に、お互に射ち合って死なう」と固く言ひあった。

その夜、敵兵が、また数名で現れた。こんどは、大きな歩調で、ズンズン近寄って来る。四人は、俯伏（うつぶ）せになったまゝ、ピストルを握りしめた。

敵は数メートルに近づいて来た。

「いよ〳〵駄目か」

しかし、また四人は、助かったのだ。敵兵はそこに転がってゐた死体を運んで帰って行った。

十日が過ぎた。友軍はどこにゐるのだらう。雲の動きが、日一日と秋になってゆく。

昼の暑さの代りに、夜更けの寒さがやって来た。傷の痛みが、ます〳〵募る。

山下上等兵が、匍うて水を汲んで来た。まる三日は一滴も口にしなかった水だった。

迫撃砲がしきりに四人の頭の上を超えた。四人は、殆ど一睡も出来なかった。

夜が明けると、味方の飛行機が、活動しだした。直ぐ向うの敵の上に、何度も爆弾を落すのを見て、四人は傷を忘れて「万歳」を叫んだ。

馬鹿に寒い夜が来た。外套にくるまってゐたいくらゐだ。照明弾が明るく四人を照らしだすので、草を千切って頭や、肩の上にのせてカムフラージュした。銃声は深夜とともにますますはげしくなった。午前三時ごろ、ワーッという突撃の声が聞こえた。なつかしい味方の声だ。

「近いぞ！」

四人は涙が出て来た。大声にわめいて、その突撃の声に和したかった。しかし、われを忘れたのは、ほんの少しの間だった。矢張り友軍は来ない。戦場が静まると、また四人には、寒い、傷の痛い、彼等を一歩々々死へ導く、恐ろしい夜がかへって来ただけだった。そしてまた空しく、友軍を待つ朝がかへって来るのだった。

苦悶の手記

何日経ったであらう。実際、戸梶一等兵が、毎日手記を書いておかなかったら、四人には、日数すらも数へることは出来なかったに違ひない。何十年にも、何百年にも匹敵する辛い日夜であった。よくも生きてゐられたものだ。

戸梶一等兵は、十四日目の手記に、

「傷口は癒えて来たが心が痛んで仕方がない」

と書いた。生死の境に、長い間、閉ぢ込められた人間にありがちな幻覚が四人を襲ひはじめた。砂漠の真中で、大洋を見、湖水の溢れる水を眼にする人達の苦しみが、四人をも襲ひはじめたのだ。

戸梶一等兵は、日の丸を見たような気がした。ぢっと、仰向けに寝てゐる戸梶一等兵の眼の先を、なつかしい日の丸がちらついた。狂ひ出しそうな神経を抑へるのに四人がどんなに苦労したことだらう。

しかし、十七日目の朝、森かげに見た日の丸の旗は、四人の幻覚ではなかった。たしかに友軍がそこに来てゐるのだった。しかし、四人が匍って行けるほど近くではない。四人は泣きながら、友軍が来るようにと念じた。

しかし、この死物狂ひの希望も空しかった。

それに夕方からは雨になった。寒い雨だった。四人を絶望のどん底にたゝき込むような無慈悲な降りかただった。しかし水筒に受けた雨水のおかげで四人は渇きを医(いや)すことが出来たから、ほんとは四人の命を延ばした救ひの雨であったのかも知れない。

故郷を憶ふ

雨のあとの夜は、身を刺すように冷めたかった。しかし、気はすんで、晴れ上った空の色は冴え〳〵とした秋だ。数へればもう十八日目の夜になる。

虫の声が聞える。ぢっと仰向けに寝て、空を眺めてゐると、戦場でとりのこされて、生死の境をさまようてゐるなどとは、うそのような静けさだった。

身体は極度に疲れてゐる。昨日、最後に食べようとした乾パンは、どこで拾って来たのか、もう腐ってヌル〳〵して、つひに咽喉に通らなかった。唇はカサカサに乾いて、かさぶたのような厚い層でとざされてゐる。唇をしめすつばきさへもない。外気の冷たさに引かへて、灼つけるような咽喉の渇きかただ。これでも、生きてゐるといへるのだろうか。この世のものならぬ肉体が、空しく呼吸し、脈拍をうちつゞけてゐるだけのような気がする。

しかし、神経だけは、不思議に冴えて来るのだった。絶望と、希望との死物狂ひのたゝかひのあとで、なほ神経がこのように肉体以上の強靭さを持ちつゞけてゐるのには、四人は自分のものならぬ恐ろしさを感じた。

「いい月だナ、だん〴〵円くなってゆく」と身動きならぬ戸梶一等兵がいった。

「おい、声が大きいぞ、敵へ聞こえるゾ」

実際は、今夜は敵が、恐ろしく近いような気がする。敵の塹壕の話声が、非常に近く聞こえる。

「そういや、お月見は、もうすぐぢゃないかナ」

「故郷ぢゃどうしているかな」

はっと四人が揃って胸をつかれたように、一つの感慨に落ち込んだ。

山下、戸梶、宮崎の三人は故郷は同じ高知県のほど遠からぬ村々だった。清水一等兵だけが大阪府の出身だ。

「月見といへば、団子を腹一杯食ひたいナ」

と清水一等兵が言う。

「おれは、サイダーがのみたいよ」

と戸梶一等兵。

「酒保のぜんざいは旨かったナ」

「もう一度食へるかどうかも判らん。せいぐ〵味を忘れんようにすることった」、と山下上等兵が、実りのない稲の穂を口惜しさうにかんだ。

四人とも、ぢっと動かなくなった。言葉もなかった。

戸梶一等兵は、手記を記した手帳をとり出して、月あかりに鉛筆をなめた。

「われ死すとも思ひ残すことなし。弟よ健康に暮せよ。兄の身替りに立派な軍人となってくれ。われ生きてゐるのも神のおかげなり。若き廿三年の身をこゝに埋めるか。我死すとも七度生きて国のために尽くすなり。

友軍の来るのを待つ身の辛さかな。日の丸の立ちたるを見て喜ぶうれしさ。水はとれたれど雨に濡れた身の辛さ。日一日と友軍来るを待ち今日で十八日なり。母上お先きに死すかも知れないが戦死したと聞いて必ず泣いてくれるな。必ず笑ってくれ、たのむ」

と書いた。雨で、砲声もなく、冷い、静かな夜が更けた。静かな夜はまた、四人には傷の痛みで眠られぬ夜である。

日の丸の旗

九月十五日の朝が雨に明けた。雨を冒して鋭い銃声だ。戸梶一等兵は、われ知らず身体を起して見た。敵兵の声が手にとるように聞えるくらゐ近い。

その時、森のかげから、遠くラッパの音が聞えて来た。なつかしい進軍ラッパ。味方だ。だんぐ〜進んで来る。近づいて来る。

「あっ、見えた、友軍だ」

四人一緒だった。身体を起した。腹に巻いてあった日の丸の旗を出して、力一杯振った。

「友軍に見えただろうか」

力のかぎり日の丸の旗を振った。

しかし、旗は、味方よりは、敵によく見えたはずだ。ものすごい小銃弾がパラ〱と飛んで来た。

「敵に見つかったのだ」

集中弾は、四人の前後左右に落ちた。離れ〱に弾丸をさけるすべもなく、四人は抱合って、死を覚悟した。

しかし、弾丸はつひに一発も当たらなかったのだ。

「しかし、友軍にわかったのだらうか」

森の側に見えてゐた日の丸が、またかくれてしまってゐる。死以上の焦燥のうちに日が暮れた。

「行かう、匍うて友軍のところまで行って来る。どちらにしても死は覚悟だ」

一番元気な、宮崎一等兵が行くことになった。ひとしほ敵の小銃弾がはげしい。木の株や、土の凹みに身をかくした三人をのこして宮崎一等兵は、闇のなかを匍うて行った。

「無事に友軍まで行ってくれ、天皇陛下万歳！」

と三人は無言で祈った。

十九日目に

雲を破って、月の光が、明るく新戦場を照らしてゐる。十数人の衛生隊に護られて、三つの担架がその月の光のなかに浮び上がって来た。みんな無言だ。敵前だから声をたてるものはない。しかし、その人達の息遣ひが、なんと感激に満ち満ちてゐることだ。みんな、万歳と大声に叫びたい衝動をぢっと抑えてゐるのがはっきりわかる。

あの三人は、つひに救はれたのだった。宮崎一等兵の決死の敵前匍行が、遂に成功したのだった。

九月十五日午後十時
和知、永津両部隊が羅店鎮占拠の殊勲をたてたあの日から、てうど十九日目である。

「夢ではないでせうネ、軍医殿」

四人が聞いた。

「お前達は立派に大任を果したのだ。大きな手柄をたてたのだ」

村上軍医が答へた。

四人の眼には、涙があふれて来た。軍医も泣いた。

「天皇陛下万歳！」

四人は、死の中で十九日間、叫びつゞけて来た「天皇陛下万歳」を、いまこそ、歓喜の涙のなかで、力一杯に叫んだ。

【付記】四勇士の出身地は次の通り
歩兵上等兵　山下　友信（二五）　高知県長岡郡吉野村
歩兵一等兵　戸梶　利春（二二）　同県高岡郡斗賀野村東組

歩兵一等兵　宮崎　豊（二三）同県幡多郡宿毛町大島

歩兵一等兵　清水二三夫[ママ]（二二）大阪府中河内郡高安村

あとがき

瀧本二三男さんは、敗戦後、親しくしていた戦友が止めても軍歌を歌うので付き合いを断わったほど軍歌が嫌いで、戦場での体験についても口を閉ざしていましたが、一度だけ家族に話されたことがあったそうです。中国の戦場で現地調達と称して村を襲って食料を奪った行為、抵抗する中国人を上官が殺害した事件、ビルマでの苛酷な戦闘、ボロボロの軍服をきて髪の毛が伸び放題だった捕虜生活がその内容でした。また、「アメリカ（軍）やイギリス（軍）より上官の方が恐ろしかった」とも語り、上官は鬼のような存在で、軍隊内の上下関係は大変厳しく、上官のいじめと理不尽な暴力が横行していました。

そして、「兵士たちは、天皇陛下万歳と言わず、お母さーんと言って死んでいった。最前線の危険なところに送られ、苦しんだ自分たちの一方で、戦争を始め、国民を戦場に駆り立てた指導者たちは敗戦後も優遇された。昭和天皇の戦争責任は明らかだ。二度と孫たちに自分たちの苦しみを味あわせたくない」と語っておられたとのことです。

この回想からいうと、残された軍事郵便に書かれている文面は、牧歌的とさえいえるかもしれません。しかし、戦争の悲惨な実態が直截に書かれていなくても、深く読みとることによって文言の背後に込められた書き手の心情にふれ、共感することができるのではないでしょうか。

瀧本二三男さんは、二度目の戦地派遣を前にして兼子さんに手紙を書き送っています。

> 心身共に溌溂として居ります。御安心下さい。お父様お母様によろしく伝へて下さい。今日は日本晴れです。そして気持い丶風が馬のたてがみをなびかせて居ります。どうか御父母様を大切にして下さい。僕の分も、そして御身を大切にして待って居て下さい。僕も益々心身の鍛錬に専心します。屹度立派な男と成るべくお約束します。貴女は僕の出途を喜んで下さると思ふ。男子と生れた僕は勿論光栄限りなし。正月には逢へませんが、今度逢へる時は僕も一社会人として逢へると思ひます。その方がいくらかい丶でしょう。これ程い丶ことはないでしょう。僕はそう思ひます。僕は寂しいことを書くのが嫌ひですからその他の場合は書きません。任地に付いたらうんと僕を励まして下さい。待ってますよ。（１９３８年９月）［９］

この手紙には、戦場に赴く日を迎えた青年の気負いとともに、愛する人と別れなければならない寂しさ、二度と会えなくなるかもしれないという胸中の不安がにじみ出ているように感じるのは編者だけでしょうか。

最近も自衛隊が「戦争法」による新しい任務をおびて戦地に派遣されました。きっとその隊員も同じような手紙やメールを妻や恋人に送ったに違いありません。

憲法九条が改悪されれば、再び数多くの若者が戦場に送られることになるでしょう。若者を二度と戦場に送ってはならない、このような手紙を書かせてはならないとの思いを込め、瀧本二三男さんの軍事郵便を世に出すことにしました。その思いが読者のみなさまに伝わるなら編者にとって望外の喜びです。

この間、つたない報告の機会を与えていただき、貴重なご意見をお寄せくださったみなさま、そしてなによりも、お父上の遺品を守り、寄託され、出版にご了承くださった�制子さん、さらにそれらの品々の管理・整理などに尽力し、出版にもひとかたならぬお力添えをいただいた吉田一江さんに心からお礼を申し上げます。また、手紙や解説の注記を記すにあたって各種文献を参考にさせていただきました。一々お断りしませんでしたが、感謝申し上げるとともに、ご了承の程お願いします。

最後に、本書の出版に賛同され、丁寧な作業に努められた山崎亮一さんをはじめ、せせらぎ出版のみなさまに心から謝意を表します。

2017年12月

森田敏彦

森田 敏彦（もりた　としひこ）

1943年　大阪市生まれ。

1967年　大阪市立大学文学部卒業。

堺市立高校、大阪府立高校に勤務し、2003年退職。

2011年　佛教大学大学院文学研究科日本史専攻博士課程修了。文学博士。

著書『戦争に往った馬たち―軍馬碑からみた日本の戦争』（清風堂書店、2011年）、
　　『犬たちも戦争に行った　戦時下大阪の軍用犬』
　　（日本機関紙出版センター、2014年）、
　　『大阪戦争モノ語り―街かどの「戦跡」をたずねて』（清風堂書店、2015年）。

住所　〒543-0052　大阪市天王寺区大道2-12-7-1107

●装幀・組版――原知子

90通の手紙 －中国大陸・ビルマから生還した青年兵士－

2018年2月13日　第1刷発行
2018年3月1日　第2刷発行

編　者　森田敏彦

発行者　山崎亮一

発行所　せせらぎ出版
〒530-0043　大阪市北区天満2-1-19 高島ビル2階
TEL. 06-6357-6916　FAX. 06-6357-9279
郵便振替　00950-7-319527

印刷・製本所　デジタル・オンデマンド出版センター

 ISBN978-4-88416-259-7

せせらぎ出版ホームページ　http://www.seseragi-s.com
メール　info@seseragi-s.com